读客®文化

爆品战略

39个超级爆品案例的故事、逻辑与方法

金错刀 著

北京联合出版公司
Beijing United Publishing Co.,Ltd.

图书在版编目（C I P）数据

爆品战略: 39个超级爆品案例的故事、逻辑与方法 / 金错刀著. -- 北京 : 北京联合出版公司, 2016.7（2023.3重印）

ISBN 978-7-5502-7406-8

Ⅰ. ①爆… Ⅱ. ①金… Ⅲ. ①市场营销学—通俗读物 Ⅳ. ①F713.50-49

中国版本图书馆CIP数据核字(2016)第059267号

爆品战略: 39个超级爆品案例的故事、逻辑与方法

作者: 金错刀

责任编辑: 徐樟　徐秀琴

选题策划: 读客文化　021-33608311

特邀编辑: 王韵霏　姜一鸣

封面设计: 陈艳丽

版式设计: 黄巧玲

责任校对: 绳刚　张新元　曹振民

北京联合出版公司出版

（北京西城区德外大街83号楼9层　100088）

河北中科印刷科技发展有限公司印刷　新华书店经销

2016年7月第1版　2023年3月第28次印刷

字数151千字　880毫米×1230毫米 1/32　9.25印张

ISBN 978-7-5502-7406-8

定价: 69.00元

企业家推荐

金错刀在书中写到一句话:“在这种无尽黑暗中，只有爆品才能绽放一朵烟花，被更多的用户看到。几朵小烟火都不行，都会很快被黑暗吞噬。”是的，在当今的互联网时代，要想成功，必须要做出爆品，有引爆市场的产品和策略。温水你哪怕做到99℃，也没啥用。唯有沸腾之后，才有推动历史进步的力量。

——雷军，小米创始人

爆品是一个信条，相不相信、有没有魄力只做一个单品，做到这个品类的市场第一。产品线不聚焦难于形成规模效应，资源太分散会导致参与感难于展开。爆品是互联网时代必备的产品思维，金错刀是深入研究“爆品战略”的第一人。

——黎万强，小米联合创始人

在这个破坏、重构与巨变的时代，所有中国家电企业的商业模式已经失效。我有一次问马云，传统企业怎么进行互联网改造，他说了一句话：关键取决于你——董事长。美的正在对企业进行一个翻天覆地的组织改造和文化改造，所有的组织结构围绕用户来设计，目的就是打造爆品。金错刀提出的爆品战略，本质是用户战略，极致+口碑，也是创始人的必修产品课。

——方洪波，美的董事长

正如金错刀所说：产品是1，营销是0。在互联网上，一切中间环节被砍掉，只有产品够尖叫，你才有通过营销放大10倍、100倍的威力。一个靠渠道、靠营销引爆市场的时代已经结束，如果产品本身不够尖叫，在互联网时代一切皆会归零。所以读《爆品战略》一书就是去帮你找到N个0前面的最初那个1。

——江南春，分众传媒创始人、董事长

爆品的核心是引流，而选择入口级的产品做爆品又是重中之重。博洛尼就是参考金错刀的爆品战略，将家装的入口——施工部分做成变态级环保；同时，放弃施工利润，除了施工队的钱之外，公司30%的毛利全部放弃，给到客户，换来了博洛尼家装板块的大幅增长。

——蔡明，科宝博洛尼董事长

一年多时间，出货2000万只小米手环，这是华米公司亲历的智能硬件业内的第一爆品，我感受深刻。我在带领华米团队创业的过程中，亲历了做爆品的种种艰难和挑战，也品尝了爆品带来的成果和喜悦。希望广大读者从金错刀的书中真正领悟爆品之道！

——黄汪，华米创始人兼CEO

爆品是一种匠心的坚持，是用心灵去创新，是用新的价值链的重构，在残酷的市场竞争中脱颖而出、生生不息。传统企业要学习跨界思考、跨界竞争、创新产业链，让人、产品、价值完美融合。金错刀老师的新作《爆品战略》的最大价值在于，其中不仅有战略层面的分析，更有可以落地的方法论。正如他所说："忘掉互联网思维，开始互联网行为。"

——林海峰，青米创始人

做爆品先要有勇气和决心，背水一战才能一战成名。做爆品也要有毅力，十年磨一剑，要耐得住寂寞。做爆品更需要方法，要找到产品与用户内心深处产生共振的方法。

金错刀，一把帮助大家解剖爆品奥秘的快刀。

——张峰，紫米电子创始人

目 录

价值锚

痛点法则

尖叫点法则

爆点法则

小米手机第一年从0到10亿美元做对了什么

互联网的爆品战略

传统企业的爆品战略

爆品的三大陷阱

未来是爆品总裁的时代

推荐序

雷军：用爆品打造的新国货时代就在眼前

金错刀邀请我给他的新书写点什么。他说，这是一本关于怎么做产品的书。我做了20多年的产品，我在想，我们到底是怎么做产品的。这么多年来，我们看到有很多产品明明差别不大，但是有的产品就火了，有的产品就是无人问津。这是为什么呢？

从软件行业到互联网行业，很多的产品经理都在拼命地尝试应该做什么样的产品，来满足这个时代的需求，来获得市场的青睐。对于这个问题，我也经历了很多年的摸索和实践。直到有一件小事，触动了我。

我还记得那是1999年秋天的一个傍晚，我走在北京的知春路上。北京的秋天挺冷的，街上不像夏天那样热闹。但是有一家小餐馆门口，却是排起了长队。它也不是什么豪华的馆子，我很好奇，于是问同事知不知道这里，为什么这么火。同事说，这家馆子在这一带很有名，总是有人排队。其实也没啥，就一道招牌菜，据说做得非常地道，而且，价格很实惠。

我突然有点触动。一条冷清的大街上会出现一家门口排长队的小店。口味是一种极其主观的感受，而消费者有自己的选择。

那一刻，我突然明白，那些在这个信息时代，无法脱颖而出的产品，其实是因为做得还不够极致。

我想做一个像这家小餐馆那样的企业，有一道好菜，让用户都喜欢吃，让用户都愿意到门口来排队，吃完了还愿意再来一次的小餐馆。

金错刀在这本书里举了很多案例，其实讲的就是这个“招牌菜吃遍天”的故事。在很多时候，如果你比你的竞争对手再多一些极致，在最后市场竞争的结果中，你就可以甩开他们很多。

拿出最好的产品，定出最低的价格。产品性能要不打折扣，竭尽所能做到最好。定价的标准绝不是比别人更低，而是根本不考虑任何竞争对手，先预测自己能做到的销量，再核算成本。

说到底，就是不给自己留后路。

金错刀在书中写到一句话："在这种无尽黑暗中，只有爆品才能绽放一朵烟花，被更多的用户看到。几朵小烟火都不行，都会很快被黑暗吞噬。"

是的，在当今的互联网时代，要想成功，必须要做出爆品，有引爆市场的产品和策略。温水你哪怕做到99℃，也没啥用。唯有沸腾之后，才有推动历史进步的力量。

所谓爆品战略，就是找准用户的需求点，直接切入，做出足够好的产品，集中所有的精力和资源，在这一款产品上做突破。也就是我们讲的单点突破。互联网最核心的打法就是单点突破。

我在小米内部展望未来的时候，我跟我的同事们讲我在乎的是什么。不是什么销售额，也不是销量数字。我在乎的是，我们能否持续地做出让用户尖叫的产品。只要用户还在对我们的产品保持尖叫，我相信所有数字都会水到渠成。随后两年小米的发展也印证了我的判断。在我们这个思想的指导下，不仅仅是小米手机，还有更丰富的小米生态链企业，也推出了各个领域的"爆品"，相继引爆了市场。

我觉得直到这个时候，我们才真正地在中国验证了Google

那句了不起的企业信条："一切以用户为中心，其他一切纷至沓来。"所谓"以用户为中心"，就是说：别想别的，先把产品做好吧！做成大家都想要的爆品！

我看到，用爆品打造的新国货时代，就在眼前。

雷军
小米科技董事长兼CEO

前言

杀死传统企业!

互联网要干掉传统企业吗?

《杀死比尔》(*Kill Bill*)这个电影的现实版正在上映,它的名字叫"杀死传统企业"。

这是所有传统企业的一句自我拷问。有一次在海尔,我看到张瑞敏的一句内部口号:自杀重生,他杀淘汰。

为什么那些在传统工业时代的爆品,在互联网时代步履蹒跚?互联网时代的爆品和传统工业时代的爆品,有什么本质的区别?

我用几年时间,真刀实枪做了几千家传统企业的转型培训和调研,也看到了传统企业家面对互联网侵袭时的最真实情绪:

焦虑;

惘然;

不解;

震惊;

羡慕;

愤怒；

希望。

现实其实更加残酷，更加血泪。有三个血泪案例，也是三次提醒。

提醒1：2013年9月，我在课堂上提醒两家做移动电源的公司：小米可能要杀入移动电源了。他们的反馈是，我们的行业很特殊，小米进来也会被秒杀。他们有一款移动电源，铝合金外壳，6000毫安，售价199元。2013年年底，小米移动电源推出，铝合金外壳，10400毫安，售价69元。所有移动电源公司都哭了。

提醒2：2014年4月，我在课堂上提醒一家做插线板的企业：互联网要杀入插线板了，怎么办？他们的反馈是，我们的行业太特殊了，不可能。2015年3月，青米公司（小米生态链公司）出品的小米插线板，3插孔3USB，售价49元。后来360公司也推出了一款3插孔4USB的插线板，售价59元。公牛、突破该怎么应对？

提醒3：2014年5月，在武夷山下的南孚总部，我提醒这个电池大佬的高管：如果互联网杀入电池行业，怎么办？他们异口同声说，我们的行业是真特殊，不可能。2015年10月，小米推出彩虹电池，十节售价9.9元。价格生生砍了一半还多。

这样的“杀死传统”的例子到处上演，互联网杀死的不是传统企业，而是传统企业赖以生存的商业模式。

100年前的福特T型车，100年后的苹果iPhone和中国的小米手机，都是超级单品引发的大变化，也是两个时代两种超级产品模式。

过去的生存法则是“品牌为王”，现在开始失效。新的法则是“爆品为王”。

过去的生存法则是“渠道为王”，现在开始失效。新的法则是“用户为王”。

过去的生存法则是“规模为王”，现在开始失效。新的法则是“口碑为王”。

宝马能追上特斯拉吗?

宝马代表着传统企业，特斯拉则是代表着互联网模式。宝马也在拥抱互联网，推出了电动汽车。一个现实是：特斯拉其实甩宝马的i8和i3好几条街。

这是因为，想要制造一辆好的电动汽车，必须抛弃现有框架。没错，所有的框架。比如，抛弃所有的发动机管理软件，抛弃内燃发动机，抛弃所有的牵引力控制系统，等等。

IBM的能源和云项目执行顾问迈克·巴纳德（Mike Barnard）预言，面对汽车业的互联网革命，目前大部分汽车公司会失败。

有人说，老虎插上翅膀会更凶猛。我也认为，坦克插上翅膀也变不成飞机。“互联网+”不是工具的革命，而是一种方法论的革命。它的核心，就是爆品。

“流量黑暗森林”

互联网公司是如何颠覆传统企业的？

就靠凶狠的一招：爆品。爆品能够推平一切。从手机，到送餐服务，到空气净化器，到净水机，甚至到打车。

一切生意的本质都是流量。爆品是流量获取成本最低、性价比最高的方式，也是打爆市场的核武器。

在传统工业时代，流量是“阳光森林”，爆品基于信息不对称，靠砸广告，不和用户发生关系。

互联网时代流量遵循“黑暗森林”法则，爆品的核心在于用户价值，有用户价值，才可能有海量用户，才有可能在海量用户的基础上建立商业模式。

只有成为爆品，才能在互联网的“流量黑暗森林”里生存。

爆品是“互联网+”第一张门票

几乎所有的传统企业家都有一个令他们最睡不着觉的问题：什么是“互联网+”的第一抓手？

爆品！我经常说，爆品是检验互联网行动的唯一标准。

如何打造爆品？

最核心的行动法则就是：价值锚。

传统工业时代的核心法则是“定位”所强调的信任状，就是建立让用户信任的“认知优势”，认识大于事实。但是，互联网时代的核心法则不是信任状，而是价值锚，找到用户对一款产品的价值锚点。

传统工业时代爆品通过信任状传播，信任状是从公司出发，替用户思考。互联网时代是回到“脑残”状态，以用户为中心，站在用户角度思考，依靠一种极端的意志力，打造用户可感知的价值锚。

传统工业时代信息不对称，信任状通过广告传播；互联网时代是不断和用户交互产生价值，价值锚通过社会化媒体口碑传播。

因为要和用户不断交互、产生价值、获取流量，爆品需要围绕价值锚不断微创新，强化价值锚，否则就会被其他爆品干掉。

在互联网时代，打造爆品遵循爆品研发“金三角法则”：痛点法则、尖叫点法则、爆点法则。

乔布斯说过：产品人不能被营销人打败。未来，做营销的干不过做产品的。产品是1，营销是0。有营销无口碑必死！

有一个词形容未来这种爆品总裁：用户体验屠夫。移动互联网时代，唯爆品者生存。

这是爆品推平一切的时代！

什么是爆品

单品革命

1905年，佛罗里达的棕榈滩。

亨利·福特有一次亲自上阵参加赛车比赛。比赛现场发生了一场大撞车，一辆法国车完全被撞坏了。福特在现场拾起了一块阀杆，又轻又结实。这到底是什么材质？它引起了福特的好奇。福特对助手说："将它查清楚。"经调查，这种材料是钒钢。

这是亨利·福特职业生涯的一次大转折。1908年，福特公司配备钒钢的T型车上市。1909年的一天早上，在没有事先通知其他人的情况下，福特宣布，以后福特公司只生产一种车型，那便是T型车。"只要它保持黑色的，顾客就可以将它漆成任何他想要的颜色。"当时，有人说他肯定撑不过6个月，还有人议论福特还有多久会破产。

但是，福特的态度很坚决。T型车最初的定价是850美元（当时同类车型的售价是2000～3000美元），后来一路降价，到1920年价格已降至300美元（大概相当于今天的3300美元）。能够做到如此低的售价，福特的杀手锏是：以流水装配线大规模作业代替传统个体手工制作。直到1927年停产，共生产了超过1500万辆T型车。

福特T型车是一个超级产品，它的成功有三个关键因素：技术革新——更轻、更结实的钒钢；工业化带来的成本下降；工业化推动的渠道规模化。

请注意：在福特T型车的成功元素中，最大的“质变”是材料——钒钢。传统工业时代的超级产品，大多数源于材料创新。

福特T型车是传统工业时代一个最具革命性的超级产品。提起爆品，所有人都会想到它。但是，T型车不是本书爆品的核心，现在还采取像福特T型车的超级产品思路绝对不会成功。

那么，什么是爆品？

杀手级应用

2005年，加利福尼亚州库柏蒂诺市的苹果总部。

苹果首席设计师乔纳森·艾维单独向乔布斯展示了一个新的、不太成熟的技术：多点触控（Multi-Touch）。艾维心情很忐忑，担心乔布斯还会说“这是一堆狗屎”。但这一次，乔布斯说：“这就是未来。”

这是乔布斯事业上的一次重大变革。乔布斯发现，可以利用多点触控技术来解决手机界面的问题。如果成功，这绝对是一个杀手级应用。《史蒂夫·乔布斯传》（*Steve Jobs: A Biography*）中提到这样一个细节：在一次iPod产品述评会上，乔布斯点评当时市场上的手机，说它们都很烂。手机功能太复杂，有些功能没人能搞明白，包括通讯录。手机的程序简直跟拜占庭一样混乱不堪。

乔布斯启动手机项目时兵分两路：一组研发滚轮手机，代号P1；另一组研发多点触摸屏手机，代号P2。

说起屏幕，也是斑斑血泪。当时手机屏幕有两种：一种是电阻式触摸屏，就是笔触屏，要拿着笔点点点。诺基亚用的就是这种屏幕，优点是成本便宜，而且抗摔。要知道，诺基亚当年对外宣称投资350亿美元在黑匣子项目上，就是研究未来3~5年消费市场的新技术，屏幕也是其中重要的一个点。在iPhone问世前，诺基亚内部员工已建议使用触控式屏幕，但被高层否决了。

另一种就是电容式触摸屏，一般称之为指触屏，iPhone采用的就是这种屏幕，用手指点就可以。乔布斯特别反感手写笔，他说："只要有手写笔，这产品就废了。"

但是，多点触摸屏有巨大的技术风险。乔布斯是拍板人，他的理由是用户体验。"物理键盘似乎是个简单的解决方案，但是会有局限，如果我们能用软件把键盘放在屏幕上，那你想想，我们能在这个基础上做多少创新。赌一把吧。"

2007年1月，iPhone发布，乔布斯说："我们想要重塑手机的意义。什么是杀手级应用？杀手级应用就是创造通信！轻松打电话！太多手机打起来实在太过痛苦，我们要让大家有全新的通话体验。"

当时，微软CEO鲍尔默说："这是世界上最贵的手机。但它对商务人士没有吸引力，因为没有键盘。"诺基亚的工程师说："这部手机太不经摔，一定没有未来。"

但是，仅2012年，iPhone就卖出了1亿多部。到2013年9月，iPhone销量突破4.2亿部，销售收入占苹果公司总收入的53%，超过微软、可口可乐、迪士尼，利润占据全球智能手机的半壁江山。

请注意：iPhone的成功有三个重要的关键因素：杀手级的硬件体验——多点触控、杀手级的软件体验、粉丝经济。

在iPhone成功的所有元素中，最大的"质变"不再是材料，而是交互界面——多点触控技术。

终其一生，能让乔布斯真正佩服的人十分有限。其中，就有亨利·福特。乔布斯非常推崇福特的一句名言："如果我问顾客想要什么，他们可能会说自己想要一匹快马。"超越消费者所想，才能打造超级产品，这是乔布斯和福特的共鸣。1982年，《纽约时报》（*New York Times*）报道称："苹果之于个人电脑，就如福特T型车之于汽车。"

苹果iPhone产生了10倍于福特T型车的能量，这就是互联网时代的爆品模式。它是基于用户的杀手级应用，不再是在公司价值链上进行大刀阔斧的创新，而是从用户价值链上进行创新，通过用户的强口碑产生10倍级的爆炸级效应，一年一款产品就能产生10亿美元、100亿美元，甚至是1000亿美元的收入。

这是苹果式爆品模式，能复制吗？

硬件免费

2011年，北京望京的银谷大厦。

雷军又一次问一个制造业大牛，如果做一款最高性能的双核手机，2000元以下的定价能不能行？

此前郭台铭说不可能，雷军又找了十几家给苹果做代工的台湾大厂，都摇摇头说不可能。当时大多数品牌智能手机的价格为4000～6000元，一款定价为2000元以下的智能手机，渠道如何赚钱，广告费用如何算，简直是天方夜谭。

但自2010年4月8日雷军创立小米开始，他就跟所有创始人谈一个目标：做一款互联网手机。什么叫互联网手机？就是用“硬件免费”的思路，把硬件当软件做，把硬件当软件卖。对互联网产品而言，把软件免费，靠服务和增值赚钱，这基本上是第一公理。但对硬件而言，用免费思路去做，靠谱吗？要知道，此前谷歌做手机都没有成功。

雷军在内部有句口号：永远相信美好的事情即将发生。雷军和几个创始人相信这个铁人三项的新模式：硬件+软件+互联网服务，将会革命传统硬件产业。

2011年8月16日小米发布了第一代手机，国内首款双核1.5GHz手机，售价1999元。这给市场投下了一枚重磅炸弹。

当时，雷军和小米遇到了巨浪般的吐槽和骂声，最狠的质疑是“山寨化”。有网友吐槽：“小米手机让我想起了神舟电脑，雷军让我想起了吴海军。”

2012年，小米手机销量达719万台，实现营收126.5亿元。2013年，小米手机销量达1870万台，含税销售额达316亿元。2014年，小米手机销量达6112万台，含税销售额为743亿元。2014年年底，小米公司完成了11亿美元的融资，估值达450亿美元。

小米模式的成功有三个重要的关键因素：硬件不赚钱，靠软件和互联网服务赚钱；砍掉传统的线下渠道，靠电商直销渠道；以社交媒体为核心的“口碑为王”。

请注意：在小米模式成功的很多元素中，最大的“质变”是商业模式——“硬件免费”。这个“免费”是打引号的，就是不靠产品赚钱，而是靠用户的增值赚钱。

但是，硬件不同于软件，它需要服务、维修、线下等硬成本的支撑，真是免费了，或者不赚钱了，长久持续性的动力何在？雷军“硬件免费”的强大底气，就在于“吃软饭”，就是“羊毛出在猪身上”。

“硬件免费”的本质是建立跟用户的强连接，要么通过软件，要么通过粉丝，要么通过硬件生态。手机、电视已经是“硬件免费”大潮的主力军，它们的底气就在于可以通过软件、内容收费，即“吃软饭”。但是，怎么能驱动用户的强连接呢？就靠一个关键点：口碑。雷军在内部经常讲“口碑为王”，就是这个道理。

有一次，跟小米联合创始人黎万强聊起“口碑”，他说：“做好口碑，不仅是公司老板的信条，更是小米商业模式的信条。”

这是在中国引爆市场的爆品模式，能复制吗？

爆品是什么

这是三个故事的背后，也是本书的一个关键拷问：爆品是什么？

我们从不同维度思考一个问题：一款产品能产生什么样颠覆性的能量？为什么那些传统工业时代的爆品，在互联网时代步履蹒跚？传统工业时代的爆品和互联网时代的爆品，有什么本质的区别？

一百年前的福特T型车，一百年后的苹果iPhone和中国的小米手机，都是超级单品引发的大变化，也是两个时代两种超级产品模式。

你会发现，传统工业时代的超级产品，所有创新是“以公司为中心”，成功要素是技术创新、工厂以及渠道，用户不是不重要，而是在整个价值链里处于非核心位置。

互联网时代的超级产品，所有创新是“以用户为中心”，成功要素不再是工厂、渠道等，而是杀手级硬件体验、杀手级软件体验，甚至让用户成为粉丝。

我推崇的一位管理大师普拉哈拉德（C. K. Prahalad）在《消费者王朝：与顾客共创价值》（*The Future of Competition: Co-Creating Unique Value with Customers*）中向那些根深蒂固的传统工业时代的偏见发起猛烈进攻。“以公司为中心”型的创新方式已经消亡。相反，消费者正凭借独一无二的个人经历在创造价值的过程中发挥着越来越大的作用。这种“偏见”的结果是，管理者更关注价值链——产品与服务通过企业控制的各个作业环节的过程。这种价值链系统主要代表着产品与服务成本的线性增加，有关制造什么、从供应商那里采购什么、在哪里组装产品等。

但在普拉哈拉德看来，一股革命性的力量正在形成，未来的竞争依赖于完全不同的、新的价值创造方法——基于个体为中心，

▲ 爆品是把“以用户为中心”
作为一种商业模式的最大体现

由消费者与企业共同创造价值。普拉哈拉德明确表示："为了更好地认识未来，我们有必要忘掉过去。"

福特T型车是传统工业时代当之无愧的爆品之父，苹果iPhone则是互联网时代的爆品教父。

什么是爆品？爆品就是引爆市场的口碑产品，甚至只是一款单品。一款产品一年时间能够卖出10亿美元就是爆品，10亿是爆品的一个基准线。当然，也有超级爆品，一款产品一年时间能够卖出100亿美元、1000亿美元。

传统工业时代的爆品是很少的，但是在互联网时代必须拼爆品。我所说的爆品必须具备三个关键因素。

第一，一个极致的单品。传统工业时代是很难相信单一产品能够产生规模效应的，但是在互联网时代一定要相信，把一款产品、一个卖点做到极致，就能打爆市场。比如，Snapchat就是把一个点——"阅后即焚"做到了极致，甚至广告也是"阅后即焚"。它的估值竟然做到了190亿美元。

第二，杀手级应用。传统工业时代强调的是杀手级价格，互联网时代强调的则是杀手级应用，即要找到用户的应用点，而不是聚焦于功能点。举个例子。四川成都有很多做辣椒酱的品牌，大多都是在强调产品功能——原料多好、多辣。但有一个叫"饭扫光"的辣椒酱，直击用户的应用体验，就是让你吃饭一扫而光，这就是应用驱动。

第三，爆炸级的口碑效应。传统行业的产品是渠道、广告猛推型，不好复制。互联网时代的产品则必须依靠用户的社交口碑效应，这很容易引发链式反应，几个礼拜就能引爆。移动互联网时代与传统工业化时代以及PC互联网时代不同，从厂家向陌生人的1到N的推销，变成了熟人、朋友之间的N到N的推荐，引爆指数也会以几何级数倍增。取胜的关键是能否产生爆炸级的口碑效应。

这种爆品战略完全是可以复制的，甚至做爆品也是互联网创业、创新的必修课。如果你的产品不够爆，就会有其他爆品来颠覆你。

三种爆品路径

罗马不是一天建成的，爆品也不是一天就能爆的。打造爆品，由易到难，有三种实现路径。

路径1：爆品功能。一个功能可以打爆市场。

路径2：爆品产品。把一个功能升级为产品，就是一个整体的解决方案。

路径3：爆品平台。升级为平台，平台就是种啥活啥，可以接入很多产品，引爆很多产品。

举一个例子：微信红包。微信红包是一款爆品，也是一款七星级产品。什么叫“七星级产品”？这也是腾讯内部的说法。五星级产品已经很牛了，可以称之为超级爆品了，七星级产品就是超级的超级爆品。

我们看看微信红包的爆品成长史。微信红包的诞生，首先源于腾讯内部员工的一个强痛点：过节发红包。腾讯公司的总部在深圳，马化腾是潮州人。潮州人有过年开工发红包的传统，这个传统从1998年一直到现在。马化腾每次发红包，基本上都会上新闻头条，从腾讯大厦39层一直排到深南大道上，有上万人。

腾讯公司程序员很多，腾讯专门做支付的财付通还做了一个电子红包的功能。2013年11月，微信的一个小团队在做产品头脑风暴时，有人说：“能不能把公司内部发红包的传统做成一个应用，增加微信支付的用户数？”

如何变成爆品级功能呢？

第一阶段：爆品功能。一个转折点发生在2014年1月。微信中有一项随机掷骰子的功能，在微信群中，多个好友一起掷骰子是一种简单又刺激的游戏。一位产品经理提议，把骰子换成红包。

这就是微信红包的产品核心——抢红包。最关键就是一个“抢”字，而且能炸出微信群里潜水的用户。

2014年春节，在农历除夕到正月初八这9天时间里，800多万人共领取了4000万个红包，遍布全国34个省级行政单位，平均每个红包10元钱。

除了春节发红包，微信红包能否升级为一个高频应用的产品呢？就是除了春节之外，还有其他用处？

第二阶段：爆品产品。转折点是滴滴出行抢红包。在腾讯产品经理的内部手册里，有个词很重要：场景。就是通过搞定用户的使用场景，搞定用户。比如，微信红包的一个最重要场景是春节发红包。春节后怎么办，就要寻找更强悍的场景。

滴滴跟快的的补贴大战是2014年最引人关注的风景。腾讯作为滴滴的投资公司，强势杀入，就是要打出一个场景消费来。

“打车”这个场景真的是很好，正好满足微信红包的三个条件：用手机、高频消费、用户痛点。

滴滴团队很生猛。在补贴大战中，为什么滴滴能胜出？就是靠微信抢红包，投资10个亿给用户发打车红包，不仅拉来了不少新用户，也刷爆了朋友圈。当然，滴滴也把抢红包做到了极致，请明星发红包，在电视台发红包，企业冠名发红包。

关键的是，打车发红包，一下子把微信红包的应用场景打开了，接下来出现了京东购物送红包、大众点评消费送红包等。

第三阶段：爆品平台。除了让土豪企业发红包外，微信红包想要打造成为万能的入口，需要可以连接一切。

转折点就是2015年春晚抢红包。2015年春晚抢红包更是个百亿级的大场景，搜索“微信红包”的百度指数，除夕当天是一个超级大波峰。

春晚抢红包有一个最刺激的设计，就是“摇一摇”。2015年春节期间，我一共发了2万多元的红包，抢到了6000多元的红包。看一个大数据：除夕当天，微信红包收发总量达10.1亿次，春晚全程微信春晚“摇一摇”互动次数达110亿次。而支付宝红包在除夕当天24小时内的收发总量达到2.4亿次，总金额达到40亿元。

从微信红包案例，拷问一下爆品战略的三个硬核。

一个极致单品：红包不是腾讯一家独有的，支付宝和新浪微博都推出过红包功能。但是，微信红包为什么能够战胜其他红包，哪点做得最极致？

杀手级应用：微信红包为什么能够引爆这么多杀手级应用，如春节抢红包、滴滴出行抢红包、春晚几亿人“摇一摇”抢红包？

爆炸级的口碑效应：微信红包基本没有做过广告，为何像病毒一样在很短时间就引爆全国用户？

乔布斯曾经说过一句话：聚焦的意思不是对必须重视的事情说“是”，而是对现有的另外100个好主意说“不”。1997年，乔布斯重新回归苹果之后，干的第一件事就是：聚焦做爆品。苹果每个产品都有多个版本，每个版本又分为不同的编号，乔布斯大刀阔斧地砍掉了70%。他在内部开骂："无数的产品，大部分都是垃圾，由迷茫的开发团队制造。"

乔布斯在公司内部有一个关键拷问，也是所有产品的生死一问：我应该让我的朋友们买哪些产品？

爆品研发“金三角法则”：关于爆品的本质

◎ 不是规模制胜；而是超级单品革命。

案例：福特T型车这个超级产品，最大的“质变”是材料——钒钢。

◎ 不是材料革命；而是用户界面引发的质变。

案例：苹果iPhone这个爆品，最大的“质变”不再是材料，而是交互界面——多点触控技术。

◎ 不是传统的商业模式，硬件赚钱；而是商业模式颠覆，硬件免费。

案例：在小米模式成功的很多元素中，最大的“质变”是商业模式——“硬件免费”。

◎ 不是以公司为中心；而是以用户为中心。

◎ 爆品的本质：一个极致的单品、杀手级应用和爆炸级的口碑效应。

案例：微信红包成为爆品的成长史，从爆品功能、爆品产品到爆品平台的研发。

扫描二维码
进入金错刀爆品战略课堂

“流量黑暗森林”

一切生意的幕后黑手

为什么要生产爆品？这么做是为了什么？不这么做又会怎样？

爆品的背后有一只幕后黑手：流量。有一次，我在成都出差，住在成都最高端的酒店——丽思卡尔顿酒店。晚上回酒店的时候，我发现桌子上摆放着一个包装精美的信函，是浪琴手表在成都一家专卖店的开幕仪式的邀请函。浪琴中国区副总裁写了一封热情洋溢的欢迎信，除了邀请我参加开幕仪式外，还邀请我参加一个浪琴主题的午宴沙龙。为了表达诚意，随信附送了一张丽思卡尔顿的晚餐券。当然，这一切都是免费的。为了吸引我去参加开幕仪式，浪琴花费的成本大概是1000元。这1000元就是流量成本。

如何定义流量？《现代汉语词典》中给出的解释是：流体在单位时间内通过河、渠或管道某处断面的量或者在单位时间内，通过一定道路的人员、车辆等的数量。这个词在网络上的意思是：在一定时间内打开网站地址的人气访问量。简单地说，流量就是单位时间内的客流量或人流量。流量不等于客户，只有一小部分流量能产生购买行为。可以想象一个大漏斗，流量就是这个漏斗最上面的部分，也是源头，其中只有一小部分能变成客户。

其实，一切生意的本质都是流量。不管是传统生意，还是互联网生意，流量决定所有生意的一切，决定商业模式的本质，决定生意的生死与冷暖。

比如，北京有个奇葩的现象——“西单魔咒”。西单一直是北京最繁华的黄金地段，虽然竞争惨烈，但却是兵家必争之地。在西单这个黄金地段有个怪现象：西单路口以北，商场扎堆，而且开一个火一个；然而西单路口以南，虽然就差了几百米的距离，商场就是怎么也火不起来。前段时间，首都时代广场在坚持了几年之后也关门了。

为什么会产生这样的现象呢？结论就是流量。虽然就差一个路口，但是把人流量生生切断了。

所以，一切生意的幕后黑手都是流量。

传统 =“流量光明森林”

流量这个幕后黑手是有成本的。很多传统企业的流量成本是很高的，如果能找到一个更低成本的流量运营方式，那么恭喜你，你相当于找到了一个新的致命武器。

我有一个客户是合生元，是国内做奶粉的老大。有一次，合生元的前营销总裁让我猜猜看，奶粉行业为了抢到新生婴儿的第一口奶，成本是多少？我猜错了好几次，他告诉我答案：人均700元左右。这么高的流量成本，有钱还不一定能进得去。因为，这些流量已经被国外的大牌奶粉给抢先占据了，像美赞臣、惠氏等。它们占据了妇幼医院、KA卖场、大型的母婴连锁店等。

那么，要怎样才能在竞争激烈的市场中占得一席之地呢？合生元根据市场分析，找到了一种新的流量来源，那就是宝宝店。宝宝店是中国特色的小型商店，一般开在妇幼保健医院或者大型社区周围，面积不大，成本不高，大概3万~5万元就能开一家这样的宝宝店。店门口一般会放一个小孩爱玩的摇摆机。在中国有几万家这样的宝宝店，它们过去被企业所忽视。合生元抓住了这一流量源头，并为它们做了不少微创新，一举杀出重围。

以合生元为代表的传统企业的流量模式就像一个“光明森林”，称之为“流量光明森林”，因为大部分流量都是在阳光下面。只要你的门店面积够大、招牌够亮、广告砸得够多，总会有源源不断的流量。

传统企业要想做大，首先要找到一种高效、持续的大流量获取方式，我们以福特T型车的诞生作为传统工业时代的序幕计算，也已历经了100多年的发展。在这100多年的发展中，传统企业形成了三种大流量的经营方式，基本成为了传统企业的天条。

第一，门店为王。全球最大的零售企业沃尔玛有8445家门店，沃尔玛的核心能力不是这种基于门店的供应链管理能力，而是基于门店的流量运营能力。

第二，渠道为王。对很多中国传统企业而言，代理商渠道是一个很强大的竞争力。很多中国公司在渠道力上可以得到100分，在产品力上却只能得到60分，但是依然可以战胜不少跨国企业，甚至走出国门。

第三，品牌为王。在中国，有一段时间，“在央视打广告+线下快速开门店”成为一个巨大的流量红利。抓住这波机会的公司得到了迅速崛起，甚至是扎堆式崛起，如晋江模式。

但是，传统企业这种强悍的流量武器，在互联网时代却是大范围失效的。甚至，越是根基深厚的传统企业，面临的挑战越大。互联网的流量方式跟传统时代的流量方式是两个完全不同的世界，是两种截然不同的游戏规则，是两种世界观。

互联网 =“流量黑暗森林”

如果说，传统的流量方式是“光明森林”，那么，互联网的流量方式就是“黑暗森林”。

“黑暗森林”是科幻小说《三体》里一个特别黑暗的法则：被发现，总有一方被消灭！作者刘慈欣这样解释这个法则：宇宙就是一片黑暗森林，每个文明都是带枪的猎人，像幽灵般潜行于林间，轻轻拨开挡路的树枝，竭力不让脚步发出一点儿声音，连呼吸都必须小心翼翼。他必须小心，因为林中到处都有与他一样潜行的猎人。如果他发现了别的生命，能做的只有一件事：开枪消灭之。在这片森林中，他人就是地狱，就是永恒的威胁，任何暴露自己存在的生命都将很快被消灭。

17世纪，霍布斯（Thomas Hobbes）在其著作《利维坦，或教会国家和市民国家的实质、形式和权力》（*Leviathan or the Matter, Forme and Power of a Common Wealth Ecclesiastical and Civil*）中提出“丛林法则”，达尔文在之后提出“进化论”，这些都和“黑暗森林法则”有着相似性。

很多互联网创始人都是《三体》的粉丝，小米创始人雷军甚至在一个内部会上要求公司高管阅读《三体》，他认为对制定公司

▲"流量黑暗森林"是传统企业互联网转型的最大灾难

战略有帮助。为什么要去阅读这部小说？因为互联网流量规则的本质就是“黑暗森林”，这是一个真实的场景：互联网就是一片黑暗森林，每个公司都是带枪的猎人。

在我称之为“流量黑暗森林”中，流量是冷酷无情的，甚至是一个黑洞般的存在，低流量的公司会被高流量的公司干掉。技术的爆炸更为这片黑暗森林增加了太多的不确定性，今天的灿烂鲜花，很快会变成明日黄花。而对手是不确定的，甚至是跨界的，而跨界的对手最可怕。

“流量黑暗森林”这种全新的游戏规则，是传统企业最大的灾难。越是实力雄厚、底蕴悠长的传统企业，越是难以适应。

在互联网上，为了流量，各家企业不惜免费吸引用户，甚至是补贴。而最狠的竞争叫“流量封杀”。在传统线下，你能从流量源头封杀一个对手吗？不可能。但在互联网上，这种“流量封杀”随处可见。

这是一个真实版的“黑暗森林”战争：“3Q大战”。

2010年10月29日，360公司推出了一款产品名为“扣扣保镖”，这个产品被腾讯称为“QQ外挂”。如果把QQ比喻成一个高速公路，上面流量巨大，“扣扣保镖”就是360在QQ上设的一个检查站。

11月3日，腾讯公司发布了举世震惊的《致广大QQ用户的一封信》，让用户在QQ和360之间进行“二选一”。“3Q大战”全面开打，各种势力前后加入，差点变成一场互联网上的世界大战。

在“3Q大战”中，两个公司的创始人都是进入一级战备状态。

马化腾说：“形势危急，再过三天，QQ用户就有可能全军覆没。”从10月29日360公司11点多发布“扣扣保镖”到11月1日，已经有2000多万用户安装了“扣扣保镖”，并且以每天过1000万的速度增长。按照这个速度计算，三天之内就会影响8000万QQ用户。

360公司内部一位高管爆料说，在腾讯公司发布《致广大QQ用户的一封信》后，周鸿祎及高管团队“蒙了”几分钟。随后数据显示，360的用户数量以几百万、几千万为单位减少。

后来，有人在百度贴吧里发了一个问题：真搞不懂，一个“扣扣保镖”能把马化腾吓成这样。

他不知道，流量战争是互联网时代最高维度、最黑暗的生死之战。

三大黑暗法则

传统企业进行互联网转型，遇到的最大挑战就是“流量黑暗森林”，最大的机会也是“流量黑暗森林”。

在“流量黑暗森林”中，有三大法则，可以称作互联网的潜规则。很多传统企业转型互联网时，说得最多的一句话就是：互联网是个工具，我只要学会它，就是如虎添翼。

“互联网是个工具”，这句话是一个大坑。特别在互联网流量这个“黑暗森林”里，很容易被吞噬。

法则一：无尽黑暗。在一个无尽黑暗的森林里，传统的大流量获取方式纷纷失效。门店再多，周围是一片黑暗，用户看不到；渠道再强悍，周围是一片黑暗，用户看不到；品牌广告打得再多，周围是一片黑暗，用户看不到。

丰饶经济学（The Economics of Abundance）是《连线》（*Wired*）杂志前任主编克里斯·安德森（Chris Anderson）挂在嘴边的词，自从他写了《长尾理论》（*The Long Tail*）之后，他更把丰饶经济学当作发现长尾的基础。在他看来，从传统意义上去理解经济，是对生产资料和稀缺资源的整合分配，谁能捕捉到匮乏资源便能成为赢家。现在，在互联网上当我们能够通过一个成本几乎不计的工具来创造资源时，这无以计数的生产者们的劳动成果——数字“物资”造就了一个“富足经济”。我们的社会日益富足，这使我们有条件从一个精打细算的品牌商品购物者转变为一个小小的鉴赏家，用数千种与众不同的爱好尽情展示自己的独特品位。

谷歌公司推出的Gmail就是这样一个例子。当硬盘成了一种富足物资时，足以让谷歌公司提供2GB以上容量的Gmail，而此前的Hotmail容量仅为2MB。

还有一个例子是关于视频分享网站YouTube的。在过去，广播媒体模式基于匮乏经济，无论是电视还是电台，频道总是有限的。所以作为观众的我们只能被动地接收和选择有限频道强制性推送的内容。现在，YouTube提供接近无限的频道，任何人都可以在上面任意创建频道。频道的富足满足了观众不受约束的选择，而且可以任意选择自己喜欢看的节目。

“丰饶”也带来了一大恐慌：过剩以及同质化。看看我们所处的商业世界吧！普通超级市场里的货架上充斥着4万种品牌产品，购车者常常会在摆放着几百家汽车厂商产品的售车展厅里漫步。如果在互联网上，你的选择更是十倍级的丰富。

在这种无尽黑暗中，只有爆品才能绽放一朵烟花，被更多的用户看到。几朵小烟火都不行，都会很快被黑暗吞噬。

“黑暗森林”甚至对传统企业的价值观产生了毁灭性冲击。比如，传统企业都会强调一个词：百年老店。传统工业时代的大企业，都把打造百年基业当作核心价值观，甚至有一本畅销书叫《基业长青：企业永续经营的准则》（*Built to Last: Successful Habits of Visionary Companies*）。但是，在互联网的“流量黑暗森林”里，最不能相信的就是“基业长青”，而最能相信的另一句话是“战略就是活着”。互联网企业不相信“百年老店”，互联网企业的生存状态是“一年生一年死”。所以，马云才会把阿里巴巴的使命定义为：做一家102年的企业。马云对“流量黑暗森林”认识太深刻了，才会这么讲。一家互联网企业能存活100年，这基本是老妖怪级的存在，太难了。

法则二：暗刀涌动。在互联网这个“黑暗森林”中，更黑暗的是，黑暗中还不时有暗刀捅来，让你防不胜防。深受其害的传统企业称之为“跨界打劫”，对你杀出致命一刀的不是你能看得见的竞争对手，而是来自行业之外的天外飞剑。

最凶猛的一把暗刀，我们称之为“高频之刀”。使用方法就是“高频打低频”。那些高频消费的产品，经常能干掉低频消费的产品。

支付宝好不容易成为互联网支付的老大，能放松一下吗？不能，千防万防，没防住微信红包对它产生的致命一击。因为，微信红包更高频。

美团历经百团大战、千团大战，成为团购之王，能放松一下吗？不能，千防万防，没想到一款产品对它产生了挑战——外卖。因为，外卖更高频。

易到用车是专车的领先者，历经万难，好不容易成为专车第一品牌，能放松一下吗？不能，千防万防，没想到滴滴出行推出了滴滴专车，对它产生致命挑战。因为，滴滴从出租车干起，更高频。

“黑暗森林”对传统企业的竞争力产生毁灭性冲击。比如，很多传统企业信奉“专注”，专注于一个核心领域，聚集所有的能力发力于一点，就能建立起不可撼动的优势。但是，在互联网的“流量黑暗森林”里，专注在高频面前不堪一击。

法则三：效益递减。互联网“流量黑暗森林”还有一个残忍的法则，就是效益递减，而且是以十倍级递减。什么意思？就是一个流量模式，它所产生的效益会随着时间推移进入快速递减模式。在传统线下的门店中，流量的效益递减是比较缓慢的，有的门店装修成本巨大，需要七八年才能收回成本，但也能生存。

但是在互联网战场上，流量的效益递减是很恐怖的，你好不容易找到一种流量渠道，但是时隔一年，它的效益就会大幅下滑。举个例子。很多企业早期要拼百度竞价排名，没过多久开始效益递减。后来拼淘宝等电商平台，没过多久也开始效益递减。再后来，拼微信商城，同样效益递减。

爆品代表了一种极端的意志力，在这样的重重黑暗中，只有做爆品，才能生存；只有做爆品，才能推平一切；只有做爆品，才能打破“无尽黑暗”的魔咒；只有做爆品，才能打破“暗刀涌动”的魔咒；只有做爆品，才能打破“效益递减”的魔咒。

爆品的最高境界是什么？答案是垄断。但是互联网战场的垄断跟传统不一样，最狠的垄断就是流量垄断。为什么所有互联网公司的梦想，要么是成为BAT，要么是傍上BAT，就是因为它们垄断着流量入口。

所以，做爆品不是创始人的信条，而是互联网公司这个物种的信条。

【案例】霸道董明珠：面对"流量黑暗森林"不霸道

格力董事长董明珠被称为"董小姐"，她绝对是中国史上最霸道的女总裁。

董小姐很彪悍，1994年格力做了4.6亿元，董小姐一个人做了1.6亿元。

十几年前，董小姐去人民大会堂开会，董小姐说这里用的空调不是我的，我一定要让它用上我们的空调。后来，董小姐真的搞定了人民大会堂。

董小姐和她的老搭档朱江洪，在2012年年底，一起把格力带到了千亿量级。要知道，当时中国家电企业只有海尔和美的过了千亿。但是，这两家公司都是超级多元化，而格力就专注于空调，一个品类过千亿，的确很猛。

同行这样评价董小姐：她走过的路都不长草。过去这些年，她几乎和所有同行都发生过口水战，她抨击美的老来格力挖墙角，甚至用“小偷”这样的词形容对手。

董明珠的霸道背后，是她把传统企业的竞争力做到了极致。换句话说，董明珠对传统产业的“流量光明森林”理解很深，这是霸道总裁的两板斧。

霸道板斧一：技术至上。董明珠自己是销售出身，很多人认为董明珠不懂技术。但是，董明珠对技术人员的重视程度，一般人比不了。她曾经表示，在格力，谁的工资可以比总裁高？技术人员可以，只要你真有本事。

在格力崛起之前，空调业的核心技术掌握在日本大金公司手里。早年格力也曾经上门虚心求教，想出高价购买多联式中央空调的技术。不料日本公司说，他们花了16年的时间才研发出来的技术，不会卖给任何一家中国公司。受了这样的刺激后，格力的研发人员在没有图纸的情况下，实现了“一拖四”“一拖八”的突破，到现在格力在“一拖多”领域都是世界领先。

这种技术导向带来的一个结果就是专注。董小姐其实是家电业的异类，因为她太专注了。早期，格力经常被骂“把鸡蛋放在一个篮子里”“路越走越窄”。

董明珠在自传《棋行天下》中，写过这样一句话：“越是单纯的东西，越需要百倍的努力去捍卫它。”我看了，觉得很有力量感。

2003年时，董明珠就跟大家说，要有工业精神。当时很多人很奇怪，工业精神是个什么概念呢?工业精神就是更强调一种务实精神。而商业行为基本是不存在这种责任的，转手倒卖赚钱就可以，但作为制造业必须要静下心来。

这种专注，也让董明珠在企业家圈子里显得很异类。董明珠至今不会打高尔夫球，也没有听说过“老虎”伍兹，有人谈起老虎伍兹时，她会问:“老虎？什么老虎？”

霸道板斧二：渠道独立。举个最有名的例子。研究格力的人，都知道有个格力模式。在20世纪90年代末，格力开始和各省一级的大经销商合资建立股份公司，共同管控格力在当地的分销渠道。这样一来，大经销商由被动的接单者变成了一个市场的主宰者，而且在分红的时候，总部会先向大经销商所在的股份公司倾斜。

此外，格力会保证参与合资公司的经销商的独立性和排他性，就是说在你的地盘，不会有人和你抢生意，不会有窜货的情况发生。这样一来，大经销商何乐而不为？这个模式就是董明珠发明的，这也被认为是格力迅速崛起的秘诀之一。

格力模式的价值，在2004年国美和格力发生冲突的时候，给了格力炒国美鱿鱼的底气。2004年，格力电器不满国美当时提出的卖场返点政策，一怒之下，全线退出国美渠道。

但是在当时，国美、苏宁已经是家电产品最主要的销售渠道。一般品牌赌气的结果就是死，但是格力没有，因为格力已经花费巨资和心血打造了一个完全自主经营的遍布全国的专卖店体系，规模有1000多家。直到现在，你仍旧可以在北京三环以内看到格力的专卖店。这些店的作用，除了销售，更重要的是服务。

但是，面对互联网，董明珠也同样采取了霸道式转型战略。这两年，董小姐瞄上了互联网，跟雷军打了一个10亿元的赌局，还自己动手做了一款手机，声称自己的手机分分钟灭掉小米。

如果还用传统工业时代应对线下“光明森林”的两板斧应对互联网的“黑暗森林”，霸道的董明珠很难继续霸道。

不霸道：擅长技术驱动，不擅长用户体验。董明珠也在做手机。她把自己的照片放到手机开机页面上，号称要做一台三年都不用换的手机。但是，当大家看到格力手机的配置和价格时，吐槽无数。

不霸道：擅长渠道为王，不擅长流量运营。应该说过去的成功，给了董小姐很大的自信。所以在格力转型的方式与节奏上，董小姐都有着极强的把控力。外界普遍认为，正是由于格力自己的线下渠道太强大，格力介入电商渠道太晚了，直到2014年10月格力网上商城才出现，同时格力旗舰店进驻天猫。但是董明珠解释说，这是因为自己的服务体系跟不上，所以不想贸然上线。

董明珠也做了自己的格力商城。我去体验过一次，基本上是格力产品简单粗暴的展示台，页面设计不美观，用户体验也很一般。关键是，看不出这个网站如何运营流量，也看不到对用户痛点的挖掘。

董明珠为什么这么霸道，包括直接骂同行、骂对手，这在本质上和格力的发展模式有关。

格力这些年的发展路径显示，这是一家把“独立性”发挥到极致的公司。格力的技术在同行中遥遥领先，在渠道方面也有独立而完整的一套体系。在市场份额方面，也暂时没有人能够动摇格力老大的位置。作为工业企业，当一家公司在渠道和技术上都拥有很高独立性的时候，这家公司很容易形成一个产业链的闭环，也就是一个相对封闭的王国。这个时候，公司的创始人很容易形成一种错觉：我就是行业规则。

据说在格力有个不成文的规定，走的人就不要回来。有媒体报道推测，格力本质上也是一种“家文化”，董明珠自认为对员工很好，事实上，也确实不错。所以她不能接受的是，企业这么好，你为什么还要走？

其实，董小姐的霸道转型思路也是大多数传统企业的做法。

我认为很危险，跟和雷军的10亿元赌局一样，我认为这也是董明珠价值10亿元的霸道转型一课，值得很多传统企业引以为鉴。

格力是一家出色的企业，但是它总是让我隐隐想到另一家曾经同样辉煌的手机巨头——诺基亚。诺基亚辉煌的时候，后面几名追赶者的收入总和也不及诺基亚一家。诺基亚是工业文明的集大成者，品质卓越，设计精良。甚至有人开玩笑说，诺基亚的手机可以用来砸核桃。但是，面对智能手机的浪潮，诺基亚手机死在封闭和惯性上。更本质地说，诺基亚手机是死在“流量黑暗森林”里。

“霸道”这种工业时代的基因，是传统企业互联网转型中最大的敌人。这些霸道总裁要如何适应互联网的“流量黑暗森林”？

爆品研发“金三角法则”：关于流量

◎ 流量不是战术，不是渠道，也不是一种工具；而是互联网商业模式的第一竞争力，是公司的第一生死线。

◎ 不是“流量光明森林”——传统企业的流量模式，只要门店面积够大、招牌够亮、广告砸得够多，总会有源源不断的流量；而是“流量黑暗森林”——互联网公司的流量模式，低流量的公司会被高流量的公司干掉。

◎ 不是品牌为王，不是门店为王，也不是渠道为王；而是流量为王。

◎ 最可怕的不是看得见的竞争对手；而是看不见的对手，即常说的“跨界打劫”。

◎ 不是技术驱动决定一切；而是用户体验驱动一切。

◎“霸道”这种传统工业时代的基因，是传统企业互联网转型中最大的敌人。

案例：霸道的董明珠为何在互联网上不霸道？原因是不尊重“流量黑暗森林”法则！

扫描二维码
进入金错刀爆品战略课堂

价值锚

颠覆性微创新

怎么做爆品?

答案是微创新方法论。“微创新”是我在1999年提出的一个原创性概念，现在已经形成一个流派，一个最实战、最解决问题的流派。

什么是微创新?先跟大家简单讲一个小的故事。小米电视2有一个微创新很奇葩，就是帮你找到遥控器。好几个创始人告诉我，就这样一个小功能他们就愿意去买这个电视，因为他们觉得找遥控器是一个特别痛苦的体验。但是电视厂商做了30年的电视产品，都没有找到这个微小的用户体验点，为什么?

微创新就是一切以用户为中心的价值链创新，以微小硬需、微小聚焦、微小迭代的方式，找到用户痛点，让产品尖叫，引爆用户口碑营销。

微创新不是十年磨一剑的大创新，也不是一招鲜吃遍天。微创新有三个关键因素，也是三个“微”：微小硬需、微小聚焦、微小迭代。微创新假如用一句话来形容，就是“一针捅破天”。现在是一个拼产品的时代，产品必须要“一针捅破天”。青米公司出品的小米插线板就是在最传统的行业进行颠覆性微创新，找到用户痛点，完美结合了三个“微”，把产品做到极致，完美成就爆品。

并不是每个微创新都能成为杀手级应用，事实上，有很多微创新并没有制造大的反应，而是迅速被市场湮没。只有那些造成巨大后果及影响的微创新才是杀手级的存在，任何成功的组织和个人背后，都有多个关键的微创新。

颠覆性微创新甚至能带来非线性改变，这就是我说的爆品。“非线性”变革是英特尔创始人安迪·格鲁夫（Andy Grove）最常讲的一个概念。格鲁夫援引物理学上的一个概念来描述“线性”和“非线性”战略之间的区别。如果一家公司战略行动的效应只改变了它自身的竞争地位而非整个环境，该行动就是线性的。非线性的战略行动则会使整个环境发生变化，而该公司及其竞争对手都必须采取应付这一变化。

为了看出其中的区别，你可以设想一下搅拌一碗水与搅拌一碗奶油的区别。你搅的如果是一碗水，水会旋转起来，用的力气越大，它转得越快——但它依然是水。相反，你搅的如果是一碗奶油，它会越来越稠，最后变成了黄油。而且会变得越来越难搅动，让你觉得越搅越累，最后不得不放慢速度。行动改变了环境，而改变后的环境则影响到下一步行动。

总结下来，微创新是方法论，爆品是结果。

微创新的一大轴心就是价值链，围绕用户的价值链做应用创新。

谷歌有一句话：一切以用户为中心，其他一切纷至沓来。

从传统工业时代到互联网时代，创新的游戏规则已经发生了翻天覆地的变化：从技术驱动的创新模式转向应用驱动的创新模式。

应用创新就是以用户为中心，通过对消费者体验的深度挖掘，而进行的一种创新模式。应用创新是相对于技术创新而言的：技术创新是工业时代的思维，是“以公司为中心”的创新方式；应用创新是信息时代的思维，是“以消费者为中心”的创新方式。

在互联网公司的创新逻辑中，技术并不重要，用户体验才是王道。做爆品一定要擅长引爆来自用户的能量。

一个负面典型案例就是摩托罗拉。第一个做寻呼机，第一个做模拟手机，1983年推出全球第一款商用蜂窝移动电话，1989年推出世界上第一款最小、最轻的个人移动电话，1996年推出世界上最小、最轻的手机……20世纪90年代后期，技术导向的摩托罗拉开始迷茫，逐渐被“微创新杀手”苹果、三星等超越。

信任状vs价值锚

以用户为中心的价值链创新，说起来容易，做起来很难，因为大多数公司已经被“以公司为中心”的创新深度洗脑了。传统工业时代的“以公司为中心”战略有一个强大的竞争武器——“定位”。

“定位”一直是我比较喜欢的一个商业方法论，这个理论在中国也助力了很多企业的发展。把一个理论，变成一个强悍的实战武器，定位是做得最牛的。

但是，这是传统工业时代的打法，在这个全面转型的互联网时代，定位真的旧了。这种守旧，让我们沉浸在旧时代那种营销和自以为是的狂欢中，而不是心怀谦卑地向用户低头。为什么？

定位的本质是“信任状”，就是找到公司能让用户产生信任的一个“投名状”。定位有一个核心理念，叫心智阶梯。战场由市场转向顾客心智，企业运作从需求导向转为竞争导向。企业全力以赴在外部建立起差异化定位，让自己突出于竞争对手，在用户心智中建立认知优势。

所以说，认知比现实更重要。从用户的认知出发，而非从企业的现实出发，建立“认知优势”。

定位认为商业竞争已经演变为心智资源的争夺，每个成功的品牌都应该在用户心智中建立独特的定位。

海飞丝=去屑

喜之郎=果冻

吉列=剃须刀

绿箭=口香糖

格兰仕=微波炉

诺基亚=手机

这种竞争策略的好处是：带来较强的品牌溢价。这使得传统企业特别依赖广告、营销，所谓的“营销为王”“渠道为王”就是这种策略下的产物。但是，在这种策略下产品不仅不是第一位，用户体验更是被严重忽视。

为了占领心智阶梯，“定位”有一个最核心的武器就是寻找信任状。

第一招是抢第一：心智阶梯位置无人占据，抢先占位。我们有一些微创新学员是“定位”的咨询客户，定位的一个常见招数就是在“××”后面加一个领导者。我只要看到有企业的口号是“××行业领导者”，一般都会问，你们是“定位”的客户吧？

要想抢第一，“定位”就是要让你聚焦、做减法，这个是很有用的。定位还要让你砸广告。这种模式，基本上是强广告驱动模式，但是广告一停，用户又记不住了。

第二招是强关联：心智阶梯位置已被占据，企业可努力与阶梯中的强势品牌关联起来，使消费者在首选强势品牌的同时，紧接着联想到自己，作为第二选择。比如，七喜，定位自己为非可乐；东阿阿胶宣传滋补三大宝：人参、鹿茸和阿胶。

举个定位失败的例子。西贝莜面村曾经因为定位的建议，改名西贝西北菜，因为要占领“西北菜”的心智。改名一年多的时间，失败，现在又改回西贝莜面村。为什么？因为西北菜是专家心目中的品类，不是用户心目中的品类。

第三招是技术和品牌拉动：通过技术牌或者猛砸广告的品牌效应，来建立公司的强区隔。

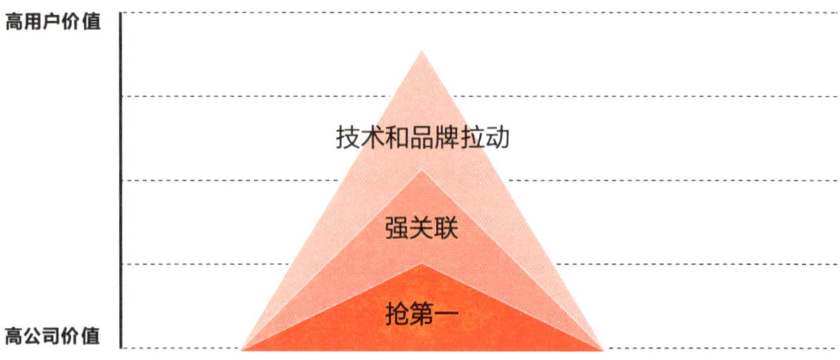

▲ 传统企业：寻找信任状

寻找信任状的核心是以营销为中心，最关键的是，信任状是比较贵的，对很多新创业公司或者中小型公司来说，很难找到信任状。

那“以用户为中心”的爆品战略，如何变成一种杀伤性武器呢？什么是打造爆品的第一步呢？就是寻找“价值锚”！

什么叫价值锚？心理学上有个词汇叫“沉锚效应”，指的是人们在对某人某事做出判断时，易受第一印象或第一信息支配，就像沉入海底的锚一样，把人们的思想固定在某处。价值锚就是从用户的角度出发，从用户痛点、产品尖叫、爆点营销等维度，寻找他们对一款产品做出判断的价值锚点。

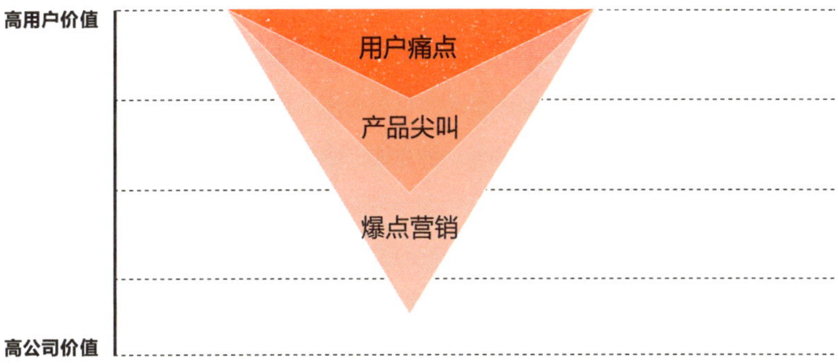

▲ 互联网企业：打造价值锚

价值锚是对用户体验的深潜行为，可以从心理学维度看下一个用户的消费决策过程。

诺贝尔奖得主丹尼尔·卡尼曼（Daniel Kahneman）是个超级高手，他在《思考，快与慢》（*Thinking, Fast and Slow*）一书中将我们的大脑划分为两个系统：系统1，依赖情感、经验和直觉，速度很快，不需要有意识的努力和思考，而使我们能够迅速对眼前的情况做出反应；系统2，通过调动注意力来分析和解决问题，做出决定，速度比较慢，但更理性、周密、有逻辑，因此在认知上需要付出更多的努力。

丹尼尔举了一个例子。当你听到“粉红色大象”时，第一反应是什么？大部分人的第一反应是在大脑里出现一只粉红色大象的样子，然后摇摇头对自己说，这不可能。这就是大脑的决策过程：先相信，后怀疑。也就是说，先系统1，后系统2。

信任状的原理是以打动系统1为主，传统企业一般强调明星、情怀、创意，再配合可以看得到、摸得到的线下产品，以及促销员的鼓动，从而产生成交。

价值锚的原理则以打动系统2为主，很多互联网公司没有实体店，也没有促销员，靠明星、情怀、创意很难打消用户的怀疑，所以，一定要找到理性、严谨、有逻辑的强价值卖点。

信任状是以公司为中心的驱动，价值锚是以用户为中心的驱动。它的驱动关键，不是技术等元素，而是用户痛点、产品尖

一切只为信任状

传统工业时代

一切只为价值锚

互联网时代

▲ 超级产品的核心，传统工业时代是信任状，

互联网时代是价值锚

叫、爆点营销。

比如，九阳的产品人员发现，几乎所有用户在买电饭煲时都有一个奇怪的习惯：打开锅盖，拎一拎内胆的重量。在这里，内胆的重量就是用户判断一个产品好坏的价值锚。后来九阳推出了一款铁釜电饭煲，产品核心就是：3.1斤纯铁内胆。当时，大部分电饭煲的内胆是2.6斤，铁釜因此成为一款爆品。

小米手机刚刚推出的时候，品牌不强，渠道也不强，怎么办？只有打造价值锚，就是手机的快速运行，而且通过第三方软件的跑分来证明你的快。

所以，打造爆品的核心，就是找到能直击用户内心的价值锚。

价值锚的关键

如何打造价值锚？

第一个关键因素是可感知的用户体验，一定要直接可感知。光打广告提高认知没用，一定要把真刀实枪的用户体验做好。很多人说，颜值就是竞争力，因为产品的颜值最可感知。

但我说的直接可感知，是围绕用户的价值链做创新，而不是围绕公司的价值链做创新。更为重要的是，要把这种用户价值变成一种直接可感知的价值体验。

举一个传统的爆品案例，美国《国家地理》（*National Geographic*）的发家史。

美国国家地理学会是世界上最成功的非营利组织，学会出版的一系列杂志在全球拥有超过5200万名读者，仅旗舰杂志《国家地理》就拥有读者4000万名，发行量850万册。

但是，在早期，像众多非营利组织一样，美国国家地理学会是籍籍无名，创刊于1888年的《国家地理》也是订户寥寥。20世纪初，国家地理学会的会员总数不过3600人，杂志不但经费紧张，还经常遇到稿源短缺的问题。

1905年，一个微创新改变了《国家地理》。换句话说，这甚至是一个“微小错误”。1904年12月，出版商打电话给当时学会唯一的编辑吉尔伯托·格罗夫纳，通知他次年1月的杂志还有11页的空白需要填补。当时这位编辑手中并没有其他可用的稿件，山穷水尽之际，看到一个盖有外国邮戳的大包裹，那是俄罗斯皇家地理学会寄来的55张中国拉萨的照片。格罗夫纳大胆地采用了这些照片，稍加简短的图说来填补版面。

当时，这一举动不仅是开创性的，更是离经叛道之举。在一本素以严肃著称的杂志中加入大量风光照片，格罗夫纳感觉自己可能会遭到解雇，干脆自暴自弃跑到俱乐部给自己“放假一天”。

1905年1月，《国家地理》一出版就取得了巨大的成功，甚至有人当街拦住格罗夫纳以示庆贺。此后，摄影作品开始成为《国家地理》的杀手锏，也给该学会注入了活力，学会的会员人数增长了三倍。

在这种微创新的鼓励下，1906年7月，格罗夫纳抛开地理概念，甚至用整本杂志来报道自然世界，“用闪光灯和相机拍摄野生动物”。自此，野生动物摄影成为《国家地理》的一项传统。照片对杂志和公众的影响力起到了关键作用，在两年时间内，学会会员从3000多人增长到2万人。

公司的价值链考虑的是：严肃内容、按时出版、渠道体系、会员体系。但是，用户的价值链考虑的却是：照片、照片、照片、照片。

在互联网行业，基于用户“价值锚”的创新，不仅要大刀阔斧，甚至还要做到“1公里深”。

360公司创始人周鸿祎曾经有过一次失败的教训。360第一版路由器，请日本的设计师做了鹅卵石造型，成本200多元，但因为用的是塑料外壳，看起来像50元钱的肥皂盒。最可怕的是，为了美观，没有装天线。

其实，产品性能吹嘘得再天花乱坠，用户不可感知也不行。天线就是用户判断路由器好坏的一个价值锚。所以，周鸿祎甚至说要推出一款四根天线的路由器。其实几根天线不重要，重要的是让用户感知到价值。

百度旗下拥有上百款产品，但在创业之初，找到了一个价值锚：免费的MP3搜索。这不仅带来了海量的用户、影响力，更以此掌握了本土创新的秘密。

新浪微博能成为爆品，就在于它在一开始找到了一个价值锚：名人微博。名人的价值最能被用户认知，把这一点做到了极致，其他创新点才可以逐步展开。

价值锚的第二个关键因素是价值链动刀，就是围绕用户的价值链大刀阔斧做减法。我称之为“自宫”，就是“欲练神功，必先自宫”。

这里所说的“自宫”就是砍加价率：

加价率=（零售价-生产成本）/生产成本×100%

比如，一件衬衫的生产成本是100元，在商场的零售价是1100元，它的加价率就是10倍。

很多传统企业的加价率很高，衬衫的加价率一般在8～12倍；眼镜行业的加价率也很高，有20倍；化妆品的加价率更高，很多是20倍起。

小米做产品最重要的一招就是砍加价率。比如，小米做手机时，手机行业的加价率基本是0.5～1倍，小米手机把加价率干到

5%～10%，甚至硬件不赚钱。但是砍加价率不等于不赚钱，小米如何赚钱呢，就是通过对用户价值链的增值服务赚钱。

爆品最狠的一个杀招就是免费。中国最值钱的三个互联网公司，都是免费模式：百度是免费的，靠竞价排名收费；阿里巴巴是免费的，靠广告赚钱；腾讯QQ也是免费的，靠游戏、增值服务赚钱。

爆品还有更狠的一招，就是补贴。滴滴和快的在2014年的补贴大战，一年时间差不多补贴了40亿元人民币。

科宝博洛尼董事长蔡明是微创新学员，他的互联网转型动作就是"对上下游动刀"。蔡明说："我们的产品线进行了重新组合。家装由设计、施工、建材、定制家具、成品家具等一系列工序组成。我们就说服了这些代理商就赚橱柜和衣帽间的钱。我说，定制你们成品家具、餐桌、床卖了多少？销售额占5%，你也没卖多少，但是对消费者来说，这占他60%。咱们只是放弃了5%的正常利润，但是对消费者的感受是60%。

"我不卖窗帘，但是我找到了卖窗帘的。所有窗帘都是一个集散地，然后品牌公司就拿着从各家挑出来的布，组合了一个本。这个本就是很好的搭配，价值乘以三，然后批发给北京的城市批发商。他又乘以二卖给窗帘店，窗帘店乘以三卖给消费者。大概乘了10～12倍，这么个成本结构。我们把中间的加价率全部干掉。”

要从用户价值链动刀，就要有动刀的底气。这个底气就是对用户价值链的深度挖掘。

“1米宽的产品，要做到1公里深。”这是互联网公司的一句天条，这个“1公里深”的意思就是对价值锚的深度挖掘。而很多传统企业对价值锚的挖掘是很浅的，基本是“1米宽的产品，只做到1米深”。

要用微创新方式打造价值锚，有三种思维至关重要。

思维一：唯“吃软饭”生存。很多传统企业都是“硬汉子”，只擅长做摸得着的硬件产品。互联网公司必须要有“吃软饭”的能力，不只做制造，还要卖增值和服务；不只卖硬件，还要卖软件；不只做渠道，还要做粉丝。

思维二：唯“脑残者”生存。微创新最大的一个坑就是专家思维。我常说不要像专家一样思考，要像“脑残”一样思考，因为用户体验的最高标准就是“脑残”。有一本书中文名叫《点石成金：访问至上的Web和移动可用性设计秘笈》，英文名是*Don't Make Me Think: A Common Sense Approach to Web Usability*。如果让我翻译，我觉得主书名应该翻成“脑残”。我们做产品一定不要像专家那样想问题，而是要站在用户角度，像“脑残”一样想问题。

思维三：唯产品经理生存。互联网公司有一个“潜规则”，就是“得产品经理得天下”。产品经理是用户的第一代言人，甚至是挑战公司所有流程的人。产品经理不只是一个职位，而是一种价值观，甚至，那些拥有产品经理思维的创始人，都是一个新的物种，我称之为：产品家。

什么是产品经理思维？一个谷歌的产品经理提到了三个标准，我认为很重要。

第一，有点坏的小聪明。那些没有经验但有些坏的小聪明的产品经理，强过那些虽有了几年工作经验但智力一般的产品经理。

第二，技术背景。稳固的技术背景可以使产品经理具有两个关键的技能——与工程师的沟通能力和对于驱动产品的细节掌控。

第三，蜘蛛侠般敏锐的产品感觉和创造力。这些人就是知道怎么能做好一个产品。他们并不一定总是对的，但是他们的直觉总是指向正确的方向。

爆品研发“金三角法则”

如何把爆品战略变成真刀实枪的行动？

历经小米、腾讯等N多互联网公司的血泪实战，6年多一线公司案例的实践与锤炼，真的是千锤百炼，我发现了一个爆品的方法论，我称之为爆品研发“金三角法则”。

它由三个核心行动法则组成：痛点法则、尖叫点法则和爆点法则。

痛点法则。这是基于互联网的用户战略，要把“用户至上”变成价值链和行动，而不是嘴上说说。如何找到用户最痛的那一根针，而不是靠渠道；如何把用户变成粉丝，而不是在买完产品后就老死不相往来。

尖叫点法则。这是基于互联网的产品战略。如何让产品会说话，而不是靠品牌；如何让产品尖叫，产生口碑，而不是靠营销强推。

爆点法则。这是基于互联网的营销战略。如何用互联网营销打爆市场，而不是靠广告；如何用社交营销的方式放大产品力，而不是靠明星。

▲ 爆品研发“金三角法则”

我把这个图片做成了倒三角形，因为“以用户为中心”其实是对传统“以公司为中心”的颠覆。

互联网思维的核心是用户思维，用户思维的极致就是爆品战略。其实，所有互联网公司都是靠爆品战略，小米是在传统硬件里把爆品战略做到最极致的公司。

七星级产品经理张小龙说过一句很有哲学思想的话：要建造一个森林，培育一个环境，让所有的生物或者动植物能够在森林里面自由生长出来，而不是建造自己的宫殿。“宫殿思维”就是传统的以公司为中心的思维，“森林思维”就是互联网中以用户为中心的思维。

如何在互联网“流量黑暗森林”里实现爆品战略？如何才能做到1年1款产品卖到10亿美元？

爆品研发“金三角法则”：关于价值锚

◎ 不是十年磨一剑的大创新；而是颠覆性微创新。

◎ 不是公司掌握价值，不是围绕公司的价值链做创新；而是用户掌握价值，围绕用户的价值链做创新。

◎ 不是寻找信任状——明星、情怀、创意；而是寻找价值锚——理性、严谨、有逻辑的强价值卖点。

案例：科宝博洛尼董事长蔡明打造爆品靠的是价值链动刀。

◎ 不是唯规模第一生存；而是唯“吃软饭”生存，唯“脑残者”生存，唯产品经理生存。

◎ 爆品研发“金三角法则”：痛点法则、尖叫点法则、爆点法则。

案例：九阳铁釜如何打造爆品，寻找电饭煲的用户价值锚？

扫描二维码
进入金错刀爆品战略课堂

痛点法则

找痛点是一切产品的基础

什么是痛点？

痛点就是用户最痛的需求点，也是一个产品满足用户诸多需求中最痛的那一根针。我经常说，找痛点是一切产品的基础，找痛点也是一切创新的基础，找痛点也是一切失败的源头。

不信，我们先看看诺基亚之败。有一次，在微创新总裁营的现场，我讲起诺基亚之败。有一位学员在诺基亚待过三年，现在已经离开诺基亚，冲上讲台爆料，问大家，什么是诺基亚失败的根源？

有人说不够酷，有人说不够快，有人说是被苹果干掉。诺基亚前高管说："都不是。诺基亚死亡的一个重要原因，就是手机老摔不坏。因为，在诺基亚为代表的传统手机公司，研发部门有一个big rule(天条)：手机要摔不坏。"在功能机时代，手机的一个痛点就是摔不坏，所以诺基亚都能砸核桃。但是在智能手机时代，用户的痛点发生了很大的改变。

我曾经去诺基亚总部考察过。我跟诺基亚的首席设计师聊过，他每年要花3个月去全球旅行，就是去寻找打动用户的灵感。因为诺基亚一直以了解用户为荣，诺基亚标榜“科技以人为本”。

2008年，一个用户给诺基亚写了一封信，曾经引发诺基亚内部很强的震动。

这个用户没有写大道理，他只是描述了一个用户体验的细节。他用的那款手机——诺基亚E51——最大的缺陷：不易用。比如要更换铃声，要从首页下探到5个层级后才能找到，而每天打开无数次的编辑短信功能，它都会让你从4个选项里面选：编辑短信、多媒体短信、语音短信、邮件。

这个用户列举了不少此类的痛苦感受，这些复杂的设计让人抓狂。而与之相反的是，他有一部iPod touch很容易上手，逻辑清晰，他已经长达6个月每天使用。最后诺基亚高层还邀请这个用户到诺基亚总部开了一个很私密的会。

诺基亚高管还讲了一个故事。iPhone1刚上市，他们的情报员就购买了一批iPhone带回总部。这位高层当晚就带了一台回家研究，这台机器也吸引到了他4岁的女儿。为了测试手机的易用性，他把手机递给女儿，女儿很快就上手了。临睡前，他女儿昏沉沉地出现在他床前说：“我能把这部神奇的手机放在枕头下睡吗？”

在那一刻，他明白，诺基亚遇到了大麻烦：他们抓不住用户的痛点了。

在中国，也有一个手机发烧友经常向诺基亚吐槽，而且是吐槽给诺基亚的一位全球副总裁。诺基亚副总裁的回复是：你说得很对，但我们就是没法改。这位发烧友就是雷军。也许是受到诺基亚的刺激，雷军有一次告诉我创立小米的初衷：他一定要做一款能够让用户参与的手机。

雷军做手机的第一个工作，就是先找到100位铁杆粉丝深度参与，先让他们爽。

很多企业在挖掘用户需求上，其实已经形成了强大的打法，比如问卷访谈法、深度访谈、二八法则、焦点小组等，但为什么还是没有找到用户的强痛点呢？

这是因为，在传统的“流量光明森林”里，对产品力的要求不那么极致，产品做到60分，渠道做到90分，就能秒杀市场。对用户的挖掘程度不够深，只要找到关键需求就好，那么反映到产品上，就是粗糙、粗糙、粗糙。

但是，在互联网的“流量黑暗森林”里，必须对用户的需求做深度的强挖掘，产品力做到100分都不够，要做到120分才能秒杀市场。只有抓住用户最痛的那一根针，产品的引爆才有可能。

找痛点也是做爆品的基础。那么，如何在互联网时代找痛点？痛点法则有三个行动工具：找风口、找一级痛点、数据拷问。

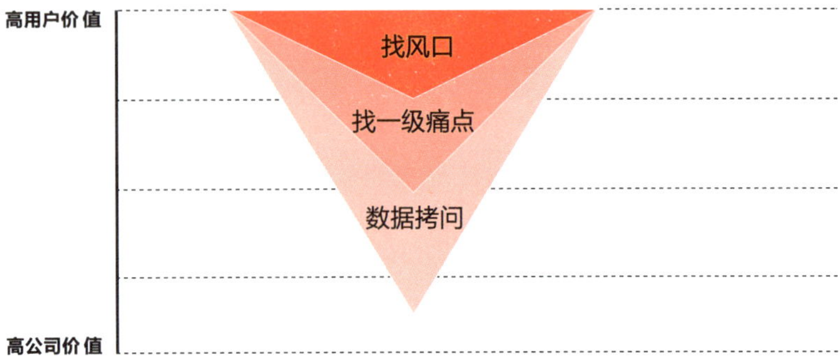

▲ 痛点法则是一切产品的基础

【案例】小米移动电源第一年如何打爆一个行业：找痛点

张峰，小米移动电源操盘人，紫米科技创始人。第一眼，你就能看出他是一个工科男，理性，严谨，有一说一。

回顾小米移动电源的发展轨迹。2013年2月，小米提出投资100家智能硬件创业公司；4月，雷军问张峰能不能创建一家专注做移动电源的公司；5月，确定方向后展开市场调研；8月，正式开干；12月，产品全面上市。

其中，5月是小米移动电源发展的关键节点，其产品定义明确为“品质最好，售价69元”，成为打爆移动电源市场的重要狠招。不过，张峰为此付出了极大的代价，挑选电池、芯片选择、铝合金外壳是考验其执行力和毅力的三道坎。雷军在产品发布会前见到张峰，第一印象竟然是感觉他至少老了10岁。

小米移动电源如何找一级痛点?

一是专注。一开始张峰的目标不是69元性能最好的产品，而是打算开辟两条产品线。

第一条是生产更高标准的进口移动电源，售价99元；第二条是生产国产电池的移动电源，售价69元。后来发现必须坚持最高标准，选择99元规格产品。张峰去说服雷军不要生产69元产品，专心做99元进口电源。雷军觉得他说的有道理，采纳了他的建议，但是告诉张峰必须按进口标准做69元的移动电源。

二是如何把价格打到最低。张峰的经验是，选择正确的合作伙伴，没有供应商的鼎力支持，很难在短时间内拿到最佳价格。

张峰与供应商一般是这样谈判：直接找供应商老板，告诉他有个项目，问对方是否能做。在一般情况下，供应商都会问什么项目、投入多少，但由于张峰没有时间具体谈价格，只问能不能做，能做再告诉对方项目和价格，不能做再找别家。“这些厂商与我有十多年交情，与朋友谈合作难免产生冲突，但我永远相信朋友比生意重要，朋友能在你项目起步阶段推你一把，步入正轨后一切都会很轻松。虽然现在我们体量变大了，但依然坚持强调双方不是客户与供应商的关系，而是完全在同一条船上的策略合作关系。因为任何一家供应商都保持微利，他们可以与我们合作，也可以不合作。”

三是死磕金属壳。为何死磕金属外壳？因为移动电源外观材料只能选用塑料或金属，用户认为塑料在颜色处理上不如金属好看，而且只有金属才能体现产品的高性价比，因为用户无法感知电池和芯片的性价比。

在打磨金属壳遇到极大困难时，张峰每天晚上都会思考金属壳是否选择错误，但又因为想不出更好的替代方法，所以不得不靠着极端的意志力继续死磕。

“8月开干之后，我再也没去过小米。发布会前去小米与雷军开会，他见我第一印象是感觉我至少老了10岁。铝合金金属外壳的加工难度非常大，内部金条经过喷砂阳极处理后，外壳表面呈现正反两面各两根金条，就算是苹果代工厂也束手无策。为做好型材，我们几乎跑遍了所有型材厂。型材成型后要经过12小时的工序处理才能看到效果，由于代工厂白天忙于生产iPad mini，我们只好晚上赶工。我在生产线上熬过三个星期，一边盯生产进度一边对比效果。”

小米移动电源属于“既要马儿跑，又要马儿不吃草”类型的产品，张峰要求供应商提供高品质且价格亲民的材料时，他们往往会有抵触情绪。但经过一番解释后，供应商基本认同这种理念。小米硬件产品基本上是零毛利销售，好处是销售渠道相当于供应商专卖店。对供应商而言，则是提供大量稳定的订单。

结果是，小米移动电源第一年就卖了近2000万台，小米也成为全球出货量最大的一款移动电源。

法则一：找风口

找痛点的第一维度就是找风口。

风口是雷军说过的一句话："站在风口，猪也能飞起来。"

我问过一些创始人，如何找风口？在过去，他们的方法是看新闻联播，看国家政策，看国外大公司的新产品，看竞争对手的动向。这些策略现在依然管用，但仍然很考验创始人的运气。

那么，如何找风口？还是要回到痛点思维。我认为，**从用户的角度思考，风口就是国民性痛点，就是大多数国民最痛的需求点。在互联网时代，如果你能找到一个国民性痛点，你就能迅速打造一款爆品。**

比如，Snapchat。它的创始人是一个90后，叫埃文·斯皮格尔（Evan Spiegel），是让马化腾最紧张的一个年轻创业者。他创办的公司市值已经超过100亿美元，斯皮格尔个人的资产也达到15亿美元。他成为世界上最年轻的亿万富翁时，才23岁。

斯皮格尔很奇葩，他做了一款产品叫Snapchat，国内翻译为

“阅后即焚”，这是一个图片沟通的工具。

给朋友发张照片，对方看完后几秒钟就自动删除，而且对方看照片时，还得用手指按着照片，为什么？防止截屏。如果被截屏了，Snapchat会告知照片的发送者，后果自负。

对Snapchat这款产品，我想用一个词来描述：点杀。“点杀”原本是体育用语，意思是指足球比赛中一方依靠点球战胜对方的结果。我说的“点杀”，是一个互联网用语，就是在产品上，把一个单点做到极致，同样可以绝杀庞然大物的对手。

斯皮格尔能够成为最年轻的亿万富翁，靠的就是这种产品点杀。在传统工业时代，公司在竞争中很难靠一个单点制胜；但是在互联网时代，讲究的就是单点切入。

“阅后即焚”这个痛点竟然价值100亿美元，我感觉很毁三观，让很多人大跌眼镜，甚至让很多大佬看不懂。

马化腾是最早看上Snapchat的人，为什么？因为看不懂。马化腾吃过“看不懂”的亏。据说，2005年，腾讯负责国际业务的人建议马化腾投资当时刚刚出现的YouTube，但最终被马化腾以“看不懂”拒绝。

谷歌也曾提出以40亿美元的价格收购Snapchat，被拒绝。后来，Facebook创始人扎克伯格出资30亿美元现金想要收购Snapchat，当时很多人都说Facebook疯了，因为Snapchat的收入是0，但更令人惊诧的是斯皮格尔拒绝了收购。

为什么？因为斯皮格尔找到了一个国民性痛点：年轻人的社交图片分享。把一个点往死了做，对用户的痛点做深度的洞察和挖掘，让别人无法超越。

阅后即焚在有的地方被称为“性短信”。斯皮格尔一个颠覆性的微创新就是图片在10秒钟后就自动删除，而且不让截屏。这解决了用户的后顾之忧，不用担心在未来有大的风险。

阅后即焚早期的最痛点人群是高中生。据当时的监控，Snapchat的使用高峰时间为上午9点到下午3点，这正好是学生的上课时间。美国一些高中禁止学生上课使用Facebook，因此Snapchat迅速风靡。学生们在上课时可以愉快地互相发送图片，而且不会留下证据。

阅后即焚的另一个深度痛点人群是女性，大约占到Snapchat使用人数的七成。一个原因是女性爱自拍，这在全球都是普遍现象。另外，阅后即焚显著降低了女性自拍上传的心理压力，因为不会被反复观看、评头论足。

更重要的是，使用者的好奇心被无限扩张，一旦玩起来黏性很大。现在，Snapchat每天的照片和视频发送量为4亿次，接近Facebook和Instagram每天照片上传量的总和。它带动了一个新的分支行业，阅后即焚的社交网络。Facebook和Twitter都推出了阅后即焚功能，但是并没有真正冲击到Snapchat。为什么？因为斯皮格尔在阅后即焚这个点上做得太极致了。最重要的是，他把熟人之间这种爆料性沟通做得痛点太大、太有黏性。

Snapchat随后推出了阅后即焚的广告功能，而且不便宜，75万美元一天。一个广告，打开后10秒就消失了，还会有人买吗？有，而且还不少，因为Snapchat的月活跃用户已经突破了1亿人，其中大部分是活跃的年轻人。

Snapchat还推出了一个支付功能，使用起来很简单，找到一个人的Snapchat账号，输入“30美元”，点击“发送”，就成功了。你可以买盒饭，也可以买美女大腿舞。据说，这个功能很快被美国的脱衣舞娘发掘，在网上出售自己的照片和10秒钟的色情视频，价格一般在1～100美元。对用户而言，一对一的聊天更鲜活，阅后即焚的特点也保证了历史记录里不会留下任何痕迹。

什么叫风口？这就叫风口性产品。

如何找风口？找风口有三个工具。

第一个就是“又肥又大”。这个产品的深度和广度都是很大的。很多人选择创业，首先会想到衣食住行，就是因为他们都是很大的市场。

找到又肥又大的机会点，是打造爆品的关键。APUS就是这样一个奇葩案例。APUS是一个桌面产品，创始人叫李涛，曾经是360公司的副总裁。

李涛的转折点发生在2013年，是一个巴西普通用户带来的一个启发。2013年5月，李涛接手360公司的国际业务，直觉告诉他海外市场潜力巨大。从2013年6月到2014年5月，他前前后后跑了几十个国家，足迹遍布美国、欧洲、印度和南美。李涛在巴西的经历成为支撑他创业的重要原因。2013年四季度，他所住的巴西酒店的服务生用的是50美元的功能机；2014年一季度，他们用上了50美元的安卓机。短短三个月的变化说明海外市场正在快速地变化和转型，这是在国内看多少份报告也无法感知的。

“我对市场有一个清晰判断：2014年下半年，中国互联网将迎来一次重大转折。未来只有两条路可选：一是深化进入到垂直细分领域，如O2O、P2P等生活服务；二是全面进军海外，2006~2014年，中国8亿用户已被充分开发，互联网产品过度满足中国市场需求。相反，海外是个巨大的风口，俄罗斯、巴西、印度、东南亚等新兴市场比中国互联网落后2~5年，拥有20亿~25亿智能手机用户，是中国市场规模的三倍以上，但整个市场供给量不到中国的1%。”

看到这个风口后，李涛兴奋不已。他很快提出了辞职，甚至放弃了360公司高管享有的700多万美元股票。

针对海外市场，李涛找到它们的一级痛点：软件要够小。因为，海外用户大部分都是用的低端千元智能机，所有手机桌面安装包动辄几十MB，而APUS只有1MB；为力求产品简单，摒弃所有手机桌面采用的双层结构，选择做单层桌面。

结果很惊人，APUS上线一周获取100万用户，一个月达1000万用户，三个月达4000万用户，半年达1亿用户，1年时间获得2亿用户。

第二个工具是高频消费。找到用户高频消费的需求点，占领用户的入口。这种“高频打低频”，也是互联网上常见的游戏规则。

举一个例子，饿了么是如何挑战美团的。美团是国内的团购之王，历经百团大战、千团大战，终于杀出重围，成为团购之王。但没想到遇到一个跨界对手：专做外卖的饿了么。

在过去，没有人会看上外卖这个市场。外卖更多是小饭店、夫妻店爱做的生意，为什么？客单价太低，一份才十几块钱。

但是，饿了么看中了这个市场的巨大价值，因为它太高频了。“饿了么”由上海交通大学的4名学生在2008年创立，一直主攻高校外卖市场。高校学生对外卖最痛点，因为高校食堂满足不了需求。虽然食堂价格低廉，但是口味单一，限定营业时间，也不提供送餐服务。而高校周边集中了大量的小餐馆，它们也需要更低成本的信息发布平台和送餐平台。

外卖这个痛点太高频了，团购虽然客单价高，但是相对比较低频。美团创始人王兴很快就发起了外卖反击战。王兴算了一笔账："中国有13亿人，每天3顿饭就有40亿顿饭，他要么在家吃，要么送上门来。即使10%的比例就有4亿次。"

换句话说，如果外卖做大了，顺便做个团购，很容易实现高频打低频。

第三个工具是标准化。用标准化的角度来看，所有产品和服务都应当分为三类：标准品，如手机、化妆品等；半标品，如衣服、鞋子等；非标品，如装修等个性化产品。

标准化，是针对非标品而言的，因为很多传统的线下产品，都是非标品。要把这种非标品做成标准化很难，但很关键。

爆品是反对个性化的。比如，爱空间是一家互联网家装公司，家装过去都是非标品，很难通过互联网放大。但爱空间找到了一个标准化的方式：699元/平方米，一键装修。

法则二：找一级痛点

找到风口后，就能打造爆品吗？

不一定。事实上，找到风口的公司，死亡率也非常高。比如，O2O是一个风口，但是O2O公司的死亡率超级高。最关键的

▲ 产品过剩时代，找到“一级痛点”才是一切产品的基础

原因是黏性。换句话说，没有留存率，用户没有留下来，大量的用户被互联网“黑暗森林”吞噬。所以，找痛点的最关键行动法则就是找“一级痛点”。

什么叫一级痛点?

用户的痛点，就像一个金字塔，有一级、二级、三级、四级、五级、六级、七级。一级痛点就是用户最痛的那个需求点，也是用户产生购买行为的最重要一点。

看看爆品余额宝的故事。2013年6月份上线，5个月后，余额宝让名不见经传的天弘基金从年年亏损转为资产规模国内前十；一年后，余额宝用户数破亿；两年后，余额宝的资金规模突破7000亿元，成为全球第二大货币基金。

但是，一开始，这是一个被严重忽视的痛点。

2013年6月底，余额宝上线15天后，在上海陆家嘴金融论坛上，清华大学五道口金融学院的常务副院长廖理谈到这款产品时说:“我让我的学生体验了下，他买了1000块钱，结果第二天变成了1000块零1毛8分钱。”台下一阵哄笑，透着些看不上。

余额宝的爆炸性增长，就是因为找到了一个一级痛点：为“草根人群”量身定制的理财痛点。这个“量身定制”有两个关键因素。

第一，让“草根人群”也能享受高回报的理财服务。余额宝的成功，是因为服务了传统体系中得不到很好服务的普通人，传统金融并非不愿服务这些客户，但成本不划算。余额宝不仅服务“草根人群”，而且提供较高的回报，早期余额宝的年回报率能到5%。

第二，简单。用户基本不需要重新学习。初次购买的用户四步成功买入，老用户三步操作完成，操作不仅简单，而且够快。天弘基金还在客服团队设置了三个人的客户体验师团队，他们的任务是从用户角度“找茬”和提意见。除了余额宝自身的产品，这个团队还体验市场上的其他同类产品，作为余额宝的借鉴。

一级痛点这么重要，威力这么大，但并不好找，甚至隐藏得很深。

“微创新之王”腾讯有一个内部方法，也是腾讯做爆品的第一式，是一个拷问：你的用户饥饿吗？

只有找到大规模饥饿的用户，才有可能产生爆品。

这种饥饿，就是一级痛点。那么，如何找到一级痛点？为了找到痛点，产品经理前赴后继找了很多种工具，有一个工具被广泛使用：用户角色模型。

交互设计教父阿兰·库珀（Alan Cooper）提出了用户角色模型（PERSONA）这一概念。其中，P代表基本性（Primary Research），E代表移情性（Empathy），R代表真实性（Realistic），S代表独特性（Singular），O代表目标性（Objective），N代表数量（Number），A代表应用性（Applicable）。用户画像的最大好处就是提高沟通效率。《赢在用户：Web人物角色创建和应用实践指南》（*The User Is Always Right*）一书将其翻译为“人物角色”，是在海量数据分析基础上，进行具象化得到的一个虚拟用户。

用户角色模型的最大难题是找到核心用户。找到核心用户非常重要，只有找到核心用户，才能建立起有效而正面的口碑。

将用户的痛点集中到几个具有典型代表性的用户身上，简化需求分析。比如，小米会将用户的痛点集中在一个典型代表性用户身上，就是发烧友。MIUI的用户体验核心就是“易上手，难精通”，既让普通用户感觉很好用，又给发烧友的深度体验带来空间。

有一个微创新学员，做零食品牌，早期把自己的核心用户定位于“18～28岁的女生”。经过一系列深度挖掘后，他发现真正的核心用户是“小资女生”。

还有一个微创新学员的实战例子。深圳的一家新锐财富理财公司，他们创业初期把核心用户定位于男性企业家群体。花了不少钱做推广，但很失败，被迫做核心用户的调整。他们发现，理财的真正核心用户是企业家的太太，从此公司做得风生水起。

关于如何找到一级痛点，我跟不少创始人聊过。春水堂创始人蔺德刚找一级痛点的最靠谱的方法是，与目标用户进行真实交流。用户对产品体验有直观感受，一对一深度交流效果最佳。

麦开创始人李晓亮找一级痛点的方法是，先搞定那些会抱怨的用户。会抱怨的用户通常会给你提出建设性意见。他们之所以抱怨，是因为他们想深度体验产品，当他们觉得需要产品，但产品不能充分满足需求才会抱怨。同时，抱怨说明他们是相对挑剔的用户，如果产品能满足抱怨人群的需求，普通用户更容易满足。

大朴网创始人王治全找一级痛点的方法是，通过拉用户进微信群的方式挖掘痛点。找痛点的核心是让用户活跃起来，通过观察用户的行为和评论，第一时间发现用户对产品的真实想法。很多用户习惯于提供解决方案而不是说出自身使用习惯，王治全就是通过分析问题本质来找到用户痛点。

看看另外一个产品高手史玉柱是如何挖掘一级痛点的。史玉柱是一个深耕用户的人性大师，而且被认为是“暗黑系”。史玉柱的名片上专门印了一个职位：高级专家客服。史玉柱找一级痛点的方法就是访谈消费者。

史玉柱做脑白金时，要求每周访谈50个消费者。史玉柱公司内部有规定，所有广告部的人和搞策划的人，每周必须要访谈50个消费者。史玉柱要求全国各地的分公司经理、总部的部门负责人，每个月都要访谈30个消费者。

“‘送礼’这个概念就是从老太太那儿聊出来的。我觉得整个过程都离不开消费者。我一直跟公司内部的人强调，最好的策划导师就是消费者。我每出一个广告语、每拍好一个广告都离不开消费者。比如老头老太太那个脑白金的电视广告，我拍出来之后，就把全国分公司经理、总部的骨干全部召集到一起看。最后上不上我有否决权，但是我没有同意权。五六十个人投票，只有2/3都举手了，说好了，才能播。”

为了保证真实性，史玉柱会定期做检查。面对访谈作假，史玉柱的做法是：开全国大会时，拎出来的人让他在台上连讲100遍。假如他叫张三，就讲100遍“张三没有信誉，张三没有信誉”。下次他就不敢了。

史玉柱挺狠的。但是，我还是认为，这不是找一级痛点的狠招。什么是找到用户“一级痛点”的最强办法？我跟小米创始人雷军，联合创始人黎万强、洪锋、王川，凯文·凯利做过几次深度沟通，也跟多家小米生态链企业进行过深度沟通，也看到几十家微创新学员在找痛点上的血泪教训。

我发现，找一级痛点跟马斯洛发现用户需求的五个层次一样。用户的一级痛点也分为三个层次，我称之为“贪嗔痴”：贪——性价比；嗔——高逼格；痴——粉丝模式。

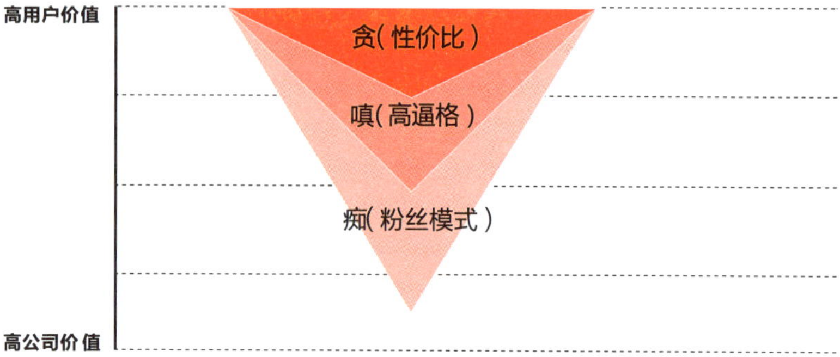

▲ 三大行动法则找到一级痛点

贪：性价比是绝杀

“贪”就是抓住用户渴求、占便宜、便利性的需求，找到最痛的那一根针。“性价比”就是一招绝杀，就是把性能做得很高，价格却很低。但这个关键不是低价，而是高性能。

在互联网上，最强的性价比甚至是免费，比免费更狠的是补贴。小米插线板就是这样一个性价比绝杀的例子。这也是小米生态链中为数不多的奇葩产品，一个看上去技术含量一点都不高的产品，却成为一款爆品。自2015年4月8日“米粉节”首发以后，不到三个月的时间小米插线板销量达100万只，随后月销量接近100万只，一年预计销售1000万只。要知道突破电气30个SKU（stock keeping unit, 库存量单位）年销量不超过1000万只。

小米插线板的操盘人叫林海峰，是突破电气的前高管。2013年，突破和小米共同投资青米做插线板。2013年年底，林海峰和雷军开始商讨插线板的产品定义，小米插线板最初的产品定义是雷军参与确定的，一个关键词：美轮美奂。光外观设计就花费7个半月才定型。但雷军眼中的美轮美奂不仅是外观颜值爆表，而且要求产品拆开后同样精致，为此小米插线板内部电路板和电器元件全部推倒重来。

当时带USB孔的插线板售价均在百元以上，小米目标对象是144元2个USB孔的插线板。

如何把插线板的性价比痛点做到绝杀？

第一，高颜值。外观设计不是简单地画张图纸或者孔型排布就能搞定，画完图纸后进入实施环节，包括做首板、首模等工序，同时考虑抛光等因素，最终看外观是否好看。每次完成后都要再进行内部评估，使工期一次又一次被延长。讨论孔型排布和细节时，主要围绕“3+3”“3+4”“2+4”三种模式展开，最终确定“3+3”模式，原因是“3+3”排布均匀，外观相对好看，如果多一个孔，视觉效果不佳。

设计USB孔时，又遇到不小的难题。过去插线板是先设计变压器，然后布置电动电容和各种芯片，再增加USB孔。这导致USB孔只能放在边缘，无法居中处理，所以3个USB孔平均分布在主板上的可能性几乎为零。重新定义产品后，需要与国内优秀的方案厂商、芯片厂商合作。工程师再测试上千只变压器，重新排布后才达到3个USB孔居中的效果。

第二，小巧。插线板是内外兼修的产品，外观设计与结构设计紧密联系，小巧同样由内部结构设计的合理性决定。如果按照传统做法，插线板无法做到极致小，整体体积相对宽松，唯一可行的方案是按照国家标准的峰值来打磨产品，要求所有材料和元件测算准确，同时达到安全标准，操作起来难度极大。

过去静电路与结构设计没有相互配合，排列距离普遍超过50厘米。为了达到安规距离，结构设计必须挡住元器件，使排列距离从50厘米缩短到30厘米。同时，在符合安规的前提下，力求电源线做得最细、最软，把插头做到极致小也不容易，最终结构设计工期比外观设计更长。

第三，安全性。很多插线板插拔顺畅的原因是没有保护门，只有铜带口，加上保护门后会遇到一定压力，增加插拔难度。尽管现在尚未强制要求加上保护门，但着眼于国家未来的要求，保护门一定会被加入安规中，到时候产品没有保护门可能会被下线或封杀。保护门增加了插线板的安全性和可靠性，防止儿童因误碰受伤。因此要发力加强开关安全性，简单的开关不能提升安全等级，必须做到三合一：开关、指示灯、过载保护。

普通插线板与电线一样，只能承受“220V、10A”的用电环境，所以必须严格限制电器使用。如果同时使用洗衣机、烧水壶、电熨斗等大功率电器，电流、电压会随之抬高，大量热量导入铜带，温度升高使插线板变形或异常，因此过载保护显得尤为必要。当插线板达到一定温度后立刻跳闸，提醒用户不要同时使用多个电器，尤其是不合规格的大功率电器，比如1500W功率的电镀丝烧水壶。

小米插线板的性能指数：高颜值、小巧、安全性强。售价只要49元！

嗔：逼格武器

性价比是绝杀，更绝杀的是逼格。

什么是逼格？

逼格从字面上理解就是装逼的格调，就是一种更高的消费维度，就是你不用这个产品就“OUT”了。

情怀是一种逼格。情怀就是一种调调，《后会无期》的情怀就是文艺调调，卖的是“坏孩子”；《小时代》的情怀就是90后调调，卖的是“温柔乡”。在情怀上，《后会无期》略胜一筹。

不只是情怀，还要有硬体验。硬体验是逼格的门槛，也是重要的区隔点。情怀是一种感觉，但逼格是需要载体的。

逼格的本质就是社会性认同。网友莫未名在知乎上有一个点评，我认为很给力："各种鄙视链条之所以如此繁杂丰富，归根结底，是我们对自我的认知与追求，大多为他人的社会性认同所左右。什么叫做社会性认同？电视剧给我们带来的感动和快乐全然不够，看什么剧，才能体现我们区别于他人的品味和逼格；游戏带给我们的释放俨然是无足轻重的副产品，玩些什么，才能成为检验我等资深玩家智商的权威标准；至于用什么产品，那红果果的，是我们睥睨众生的高尚情怀的终极体现。"

简单说，就是产品能够被炫耀的逼格。

我认为，史上第一个最有逼格的品牌起源于19世纪末的巴黎。一个名叫沃斯的裁缝，可以称之为逼格之父。当时所有的裁缝都是在卖手艺，只有沃斯，首创了模特穿上他设计的衣服进行展示的做法。

那怎样打造产品逼格？一个重要的方法就是高颜值。苹果是全球最擅长打造产品逼格的公司，苹果手机也是最有逼格的手机。苹果手机提升的一个重要手段，除了铝合金的金属工艺外，就是薄。

苹果用薄制造逼格，实现强区隔。智能手机、平板电脑乃至笔记本电脑一个可怕的现实是：硬件差异化已经走到了尽头，如何制造差异化？苹果已经把最值钱的"薄"占据了。

薄的背后也是苹果的一个"险恶用心"，实现商业模式最大化。科技类博客TechCrunch中国上的一篇文章揭露了这个真相，很有意思：更薄设备的一个特点是，它们能很自然地减少用户的互动选择，因为这些设备上的物理进入点更少。这些漂亮的外壳使得用户对创造了它们的围墙花园更加依赖。用户不能扩展存储容量，也不能更换电池。他们就更容易付费购买云存储容量或升级为新的苹果设备。这一切都是为了让用户按照苹果控制的方向前进。

最重要的是，苹果打造了一个实现“超薄”的生态，用不同硬件的组合实现超薄，这个你打死学不会。比如Apple Watch，它最大的一个特点就是有效地取代了部分iPhone的功能，从而让iPhone的电力更持久，继而会让下一代iPhone更薄。安卓系统手机只能望尘莫及。

为了持续放大逼格竞争力，苹果甚至有一个非常隐秘的武器——苹果大学。

苹果大学是苹果内部培训项目的俗称，由乔布斯创建，旨在为苹果的员工教授苹果的历史、成长、策略以及改变。

在《史蒂夫·乔布斯传》里，关于苹果大学的记载也只是寥寥无几，苹果发言人也是对此三缄其口。大家知道，乔布斯对外都讲“Think Different”（不同凡响）。在苹果大学，乔布斯只讲一个主题：“The Best Things”（做最好的）。

这个大学是乔布斯培养逼格基因的地方，也是延续乔布斯产品基因的最核心机构。乔布斯最想延续的一个产品基因是：The Best Things。

“乔布斯经营苹果凡事都亲力亲为，这使得他将自己的管理哲学深深地植入到了苹果的所有方面，从产品设计到广告都打上了乔布斯的烙印。但是随着癌症越发严重，乔布斯就希望乔尔·波多利内（Joel Podolny）这位年轻的管理者，能够创立一个未来培训苹果高管的项目，从而巩固苹果。”因此，苹果大学的初衷和微软的研究院以及Google X、Google大脑等项目不同，完全是为了保证苹果自身地位而成立的项目。

《The Best Things》是乔布斯曾经教授的一个课程，主旨就是告诉苹果的员工，要确保自身周围都是最好的事物，身边需要的是最优秀的同事，工具材料也必须是最好的。只有这样，才能保证工作完成得最好。

乔布斯非常强调人是环境的孩子，他会挖空心思做细节。在苹果大学，有员工感叹：“即使是这里的厕纸都是如此漂亮。”好吧，彻底被打败了。

做减法，就是优雅的解决。苹果擅长做减法，而且是优雅地去做减法。在苹果大学，会讲到毕加索。优雅和简单是苹果设计的一贯信条，兰迪·尼尔森（Randy Nelson）拿毕加索画牛来做类比。毕加索为了完成这一作品，经历了11稿，历时一个月。第一稿的牛是一头体态壮实、血肉丰满的牛。随后，毕加索在线条和细节上愈发精简，到最后第11稿中，只用寥寥数笔，就勾画出了一头牛的神韵和体态。

很多时候，高逼格也意味着高溢价。史上最高逼格的耳机Beats就是这么干的，完全跟性价比路线背道而驰。但也是一个爆品案例。

Beats公司成立于2008年。和大多数创始人的科技背景不同，Beats的两位创始人安德烈·罗米尔·扬（Andre Romelle Young）和吉米·艾欧文（Jimmy Iovine）是流行音乐界大亨，安德烈是西海岸痞子说唱的创始人和领军者，曾挖掘培养出埃米纳姆（Eminem）这样的说唱天王。吉米则是环球音乐旗下Interscope唱片公司的老板，推出过50美分、U2等众多歌手的作品。在Beats面世之前，市面上的耳机拼的主要是质量，比一比谁家的高音更准、中音更甜、低音更沉。结果导致多数大牌耳机外形粗犷奔放，难看得如听诊器一般。后来，吉米萌生了自己做耳机的想法。安德烈和吉米一拍即合，从一开始二人的目标就是打造能让人们戴着上街、参加派对并且可以装逼的爆款耳机。

问答社区Quora上的网友说了自己对Beats的感受：大多数耳机只是一个可以传递声音的机器，而Beats有着非常漂亮的外观，堪比跑车、苹果手机的设计感。Beats的创始人是安德烈和吉米这样的大神级人物，戴着他们生产的耳机上街，感觉整个人飘飘然，似乎两位音乐大师附体一般，浓浓的逼格扑面而来。

Beats耳机上那两个鲜红的“b”，简直是为逼格而生的最好诠释。你肯定会想这么酷炫的耳机，这么昂贵的价格，质量一定很棒吧？恭喜你猜错了。机智的发烧友早已经看穿了一切。内容平台Medium的一位工程师埃弗里·路易（Avery Louie）将一款Beats Solo HD耳机拆了个稀巴烂，为网友揭开了Beats的真实内幕。

Beats Solo HD售价199美元，埃弗里经过拆解分析后发现，这个爆款耳机的各个部件的材料费用只有17美元，仅占零售价的8.5%。埃弗里在报告中特别强调了被认为是耳机最重要部件的扬声器价格，他指出Beats Solo HD的两个扬声器生产成本只有1.8美元。为了让耳机更有“质感”，Beats在里面加上了四块配重金属。拿在手中沉甸甸的感觉，这四块金属片功不可没。

网友做各种实验想证明Beats音质渣、物料低廉，但是Beats似乎也不怎么在乎，因为Beats的竞争力就是逼格。

Beats如何提升逼格？

第一，死磕颜值。Beats之所以如此成功，在很大程度上是因为顺应了时代的发展趋势，在一切都“看脸”的时代，只专注于追求极致音效不注重颜值的提升，真的有点不合时宜。技术第一的时代即将过去，设计和品位变得越来越重要。90%的用户只会使用10%的功能，花几万元买一个耳机回来煲机只是少数发烧友才会去做的事情。对于大多数人来说，给他们一个可以提升逼格的方案显然更为实在。

第二，专注各种明星合作。Beats堪称耳机界“抱大腿”的典范，混迹娱乐圈的安德烈和吉米首选的方法就是明星效应，与各种明星合作，将产品植入他们的电影、音乐录影带以及各种活动中，让他们把Beats耳机挂在脖子上，在公众场合频繁出镜。顺势推出明星合作款耳机，借此吸引目标群体的关注。你可能听过以飞人乔丹命名的耐克鞋，但是在Beats之前从来没有音乐人和音乐产品联名的方式。

将明星的大名印在耳机上，逼格真的挡都挡不住，Beats出过贾斯汀·比伯签名款、Lady Gaga款。在更多时候，Beats不只是一款耳机，而是粉丝与所喜爱的明星共享生活的一种方式。

第三，抱其他高逼格大牌的“大腿”。除了与明星合作之外，Beats的另一个秘诀是抱其他大牌的“大腿”，从而增加自身价值属性。比如，克莱斯勒300C的车上装载了Beats By Dr. Dre 10声道音响系统；惠普笔记本的键盘上，也有一个醒目的Beats红键，可以改善音效。

看起来，逼格似乎是大公司和明星的工具，其实不然，很多创业公司也可以把逼格当作产品竞争力。比如，打情怀牌。罗永浩的锤子手机就很擅长这一招，效果还不错。

Cuptime是全球首款智能水杯，是一个叫麦开的创业公司推出的，一年时间也卖出了16万只，而且价格不便宜，售价399元。

麦开创始人李晓亮是从自己家人身上找到水杯的痛点。2013年4月，李晓亮从成都来深圳创业，临行前老婆体检查出轻微肾结晶，病因是她喝水少和运动少。医生说都市白领普遍存在类似情况，建议她多喝水并保持运动。

到深圳后，有一天晚上仓库管理员因肚子疼打电话请假，次日检查出患有肾结石。同时，李晓亮发现身边很多长期坐在电脑前的朋友有相同症状。当时心生一个设想：如果知道人体水分代谢量，根据不同环境温度、运动量、体质，再结合精准算法，就能为用户制订科学饮水计划。

李晓亮找到了一个智能水杯的痛点：可以测出用户准确饮水量的智能水杯，还有配套的App。

但是，这是用户的一级痛点吗？我认为不是，准确测饮水量不是用户的一级痛点，用户的一级痛点是逼格。这款产品的逼格来自两方面：一个是高颜值，像苹果产品一样的视觉；一个是科技新鲜感，打着全球首款智能水杯的概念，也是送礼的首选。

从一次产品众筹活动中，李晓亮看到一个很奇葩的数据：

“2013年12月，我们与点名时间合作推出众筹活动，涉及项目运营、包装、推广等环节，使智能水杯Cuptime在早期获得不错的曝光量。Cuptime众筹项目有一项奇葩数据：点名时间项目80%订单来自平台自身流量；而Cuptime流量曲线显示30%来自百度搜索，点名时间自身流量占40%，其他30%流量来自美丽说、微博等渠道，即一半用户通过社交渠道为产品销售带来流量。”

这就是逼格的威力。

痴：粉丝模式

比逼格更痛的是粉丝模式，让用户变成粉丝，这是一种多么强的产品力。比如，小米经常被提起的一个词就是饥饿营销，你可以把它看成一种驱动粉丝的机制。

真正驱动粉丝的是特权，饥饿营销背后的驱动力也是特权。

不妨先看一个心理学现象：甜甜圈经济学。哈佛商学院的行为科学家和教授法兰西丝卡·吉诺（Francesca Gino）发现，在美国纽约，有一个多米尼克·安塞尔面包店，面包店推出了一款面包，是“甜甜圈+羊角面包”，上面淋着诱人的糖浆，风靡了整个曼哈顿。面包店每天只做200～250个这种羊角甜甜圈，每个售价5美元。每天都有人为买羊角甜甜圈排起长队。

这个面包店还在官方网站上发布抢甜甜圈秘籍，就是建议顾客在面包店8点开门前两个小时排好队。同时还再次声明，每位顾客最多只能买两个甜甜圈，而且千万别跟黄牛党打交道。

既然产品如此受欢迎，为什么不扩大产量让人容易购买？这种想法其实错得离谱，排队其实是用户的一级痛点。法兰西丝卡·吉诺认为，痛苦排队买羊角甜甜圈也可能因此打响产品的知名度。许多人都排着队，这传达出你也应该加入潮流的信息。心理学家和行为决策科学家将此行为叫作“自我传递信号”，即做出向自己传递我们如何看待自己的决定。即使我们倾向于认为我们能准确地了解自己，但我们并不十分清楚自己的偏好。要弄清楚这一点，我们需要观察自己的行为。

史玉柱能成为网游界大佬，就是靠这种找痛点的产品“黑魔法”。他进入网游界后迅速洞察了网游的特权体系，并把这种特权体系做到了极致。

史玉柱认为，玩游戏的人首先不是为了生理需求，也不是为了安全需求，可能有一点社交需求。由于网游的特征，本应该将社交需求列为第一需求，但史玉柱没有，史玉柱选的是荣耀。

荣耀到底有多重要，史玉柱打了个比方。做房产的人经常说的一句话是，投资房地产，最重要的第一是地段，第二是地段，第三还是地段。做网游也是这样，满足玩家需求，第一是荣耀，第二是荣耀，第三还是荣耀。

“我们应该把荣耀作为玩家的首要需要来满足。我们在游戏里经常能看到，一个装备很好的玩家被人称作偶像的时候，心里其实是非常高兴的。一个平时没什么价值的小号把一个大号救活，大号感谢他的时候，这个小号能高兴10分钟，会觉得自己很重要。还有打群架的时候，只要国王在，都不打其他人了，专打国王，因为打死国王可以上电视节目。还有一种情况就是和盟国的国王在一起的时候，小号经常说，‘国王，让我杀一次吧，因为我想上电视。’这就反映出他内心对荣耀的需求。”

如何挖掘用户的特权呢？有一个工具很实用，我称之为：100个铁杆粉丝。就是先找到100个铁杆粉丝，设计特权机制，激活他们。

小米MIUI早期，靠的是100个铁杆粉丝。据黎万强介绍，早期泡各种论坛，找资深用户，好不容易拉来了1000人，再从中选出100个作为超级用户，参与MIUI的设计、研发、反馈等。这100人也是MIUI操作系统的点火者，他们内部称之为“100个梦想赞助商”。

这是一种强悍的滚雪球效应，100个超级用户，越滚越大，引爆的是用户参与体验创新的力量。找到100个代表性的超级用户不难，关键是维护难，有条件的可以上论坛，没有条件的可以上QQ群、微信群。

【案例】优衣库如何找一级痛点

日本首富、迅销公司主席兼CEO柳井正表面看上去慈眉善目，但内心很“毒辣”。

首先他对自己“毒辣”。他写过两本书，一本叫《一胜九败：优衣库风靡全球的秘密》，意思就是一个胜利是由九个失败堆积成的；另一本叫《一天放下成功》，意思就是非常讨厌过去的成功。

其次，他对员工“毒辣”。他在公司内部经常骂人，还有一句骂人的狠话：“不会游泳的人，就让他淹死好了。”怕员工不理解，柳井正还把这句话做成标语贴在公司的墙上。

在日本，优衣库甚至被称为“黑工厂”。因为按照日本人的标准，它的员工流失率过高——不到三年，新招募的全部员工就有一半离职而去。

这跟柳井正早期的创业经历有关，他每天都重复地做着公司倒闭的噩梦。

当然，柳井正这种毒辣风格带给消费者很大的好处。大家知道日本服装的品质监控是很厉害的，优衣库的品控则是变态级的。我看到一个数字，很惊讶。优衣库的服装很多是在中国生产的，业界的平均次品率一般是2%～3%，优衣库则要求工厂把次品率降到0.3%。而且，优衣库评定次品的规则非常严格。什么是次品？比如在T恤的表面，就算只有一根0.5毫米的线头，也算次品。

让我倒吸一口冷气。

柳井正颠覆了一个传统定律，一般做企业的都会遵循这个定律，我称之为“中间必死定律”：要么做最高的，要么做最低的，中间不高不低的那部分最容易被干死。

一般看来，服装服饰分为两种：一种是超一流品牌，价格非常贵；另外一种就是没有什么品牌，很便宜，质量也不好，两极分化很严重。

柳井正说，我就想做中间部分，不仅价格要便宜，而且质量和品质都要非常好。现在很多竞争对手也强调，不仅要拥有非常好的质量，价格也要非常低廉。但是真正做到这一点的只有优衣库。

一直以来，优衣库的商业模式并不是什么秘密，说白了就是优质低价，也就是快时尚。

我不这么认为。我认为，柳井正最牛、最凶猛、最毒辣的一招在于，他一手抓低价，一手抓逼格。换句话说，优衣库竟然把低价格做成了高逼格。

这也是痛点法则最有杀伤力、最有技术难度的打法。

中国做企业的都要学习优衣库，因为中国制造擅长打低价格，但不擅长做逼格。优衣库早期给人的印象是“便宜没好货”，但是，柳井正用毒辣的行动矫正了这一切。

这也给我们蹚了一条新路径，那就是低价格也一样可以做高逼格。换句话说，做优质低价的太多了，只有做到有逼格又低价才够牛。我认为，这才是优衣库最革命性的意义。

其实，优衣库一开始进入中国是比较失败的，虽然是打优质低价，但中国消费者最能认知的是低价格，就把优衣库跟班尼路、真维斯这种品牌归为一类，被划入了低端阵营。优衣库2002年进入中国，在2006年之前，被班尼路、佐丹奴打得很惨。

优衣库的应对办法就是提升逼格，把目标用户群定位于中产人群。举一个优衣库提升逼格的小例子。优衣库在香港的专卖店，招牌上的文字都是日文。当然，这一招是中国人想的，日本人很不理解。中国人就解释，日文会让他们觉得你的逼格高，这一点很重要。

这个价值就是逼格。这一招，很多化妆品都在学。比如，韩后等国产化妆品，为了提升自己的逼格，故意把包装文字印成韩文。

这些都是旁门左道。柳井正从当年的乡镇企业小老板，一路打怪晋级为首富，他有自己打造逼格武器的三板斧。

第一板斧：做减法，大幅缩减SKU，靠爆品模式取胜。

柳井正有过一个内部宣言：利用最强的产品，因为最强产品将驱动一切。

什么是最强的产品？就是向顾客展示“购买理由”。

日本优衣库研究专家月泉博曾经公布过一个优衣库的数据：500种。这是优衣库每一季度投放的新商品数，即便在优衣库的旗舰店，5000平方米的面积，也是500种。500种怎么了？

这是一个非常少的数字，跟其他快时尚品牌ZARA、H&M相比，优衣库的商品数不到它们的十分之一。

这种方式可以称之为“少品种大库存”。卖得好，就是一本万利；卖得不好，库存就会堆积如山。但柳井正说过：要让每一款产品大卖，统统卖光，不产生任何机会损失，也不产生任何库存损失。

这种模式，就是我常说的爆品模式。因为产品少，所以每一种产品都是至关重要的。要想用十分之一的产品数量打败对手，就必须在每一种产品中注入十倍的能量，提升精度和品质。

优衣库还有一个秘密：优衣库只做基本款。基本款的库存不叫库存；反而时尚产品做得越多，越容易产生库存。

第二板斧：拼设计。

优衣库这个公司真是屡败屡战的典范。优衣库早期的海外发展都是惨败，为什么？就是没有逼格。早期优衣库在美国都是开在郊外的购物中心，开了几家店都不成功，只能灰溜溜地退出市场。

靠什么扭转呢？就是靠一个很高大上的设计——全球旗舰

店。这种全球旗舰店首先开在繁华的黄金位置，其次是店面面积很大，至少是标准店的两倍以上。

优衣库会在这些店铺中投入最高水平的产品营销策略与视觉营销策略。

举个例子。中国人最有逼格的消费场所是上海，优衣库就把全球最大旗舰店开在上海。位置选在上海最繁华的淮海路，营业面积超过8000平方米，甚至被称为“优衣库全宇宙旗舰店”，因为太大了。

优衣库开店一般是这么干的：选择最大城市的最贵地段，轰轰烈烈地开一家新店，吸引消费者注意，提高优衣库的知名度，关键是提升逼格。之后再开其他分店，靠这些分店吸金。

优衣库另外一招就是请大牌设计师参与设计产品。优衣库的爆品T恤被称为“UT”，是设计师参与的产品，有波普文化、布鲁克林街头涂鸦、波点女王等风格。虽然价格不贵，但因为有大牌设计师的参与，一样提升了逼格。

柳井正最毒辣的是第三板斧：用变态级的技术流提升逼格。

优衣库的成长史，也是一个技术流爆品的发展史，我们来简单看一下。2000年，推出超级爆品摇粒绒；2003年，HEATTECH产品发布，这个系列后来大卖1200万件；2004年，引爆女性用户的BRATOP产品发布；2007年，保温性男女内衣发布；2008年，机洗不缩水的可机洗毛衣发售；2009年，高级轻型羽绒服发售。

这些产品也在中国引发狂潮。优衣库变态技术流的一个招数就是拼面料科技。比如，HEATTECH纤维丝的截面分成圆形和六角星形，扩大了纤维表面积，隔出很多空气层，可以保暖排湿。

优衣库的另外一招就是：拼工艺。优衣库完全是用奢侈品的标准生产一个平价产品，换句话说，就是用999元的标准生产99元的产品。

第一，优衣库对工厂的生产标准，比很多欧美公司都严格，普通工厂进不到优衣库的生产体系，为什么？工厂不仅要具备设计能力、样品能力和生产能力，在生产过程中，每一个流程还要符合优衣库自己的标准。

第二，优衣库有一个完整的出货体系。出货前要经过三次检查：第一次检查是在生产过程中，是制造检查；第二次是质量控制检查；第三次是包装检查。而且优衣库不是抽检，是全品检查，以确保它的产品不会出现意外。

优衣库甚至有一个专门的团队配合工厂改进生产流程，在中国，优衣库不一定会选规模最大的工厂，但一定会选技术最强的。很多工厂也愿意找优衣库合作，因为优衣库能保证产量，提供稳定的订单。

有专业人士认真地观察过优衣库的衬衣工艺，胸前袋的缝纫针迹倒三角完全是西服的工艺要求。这个细节都被要求了，可见优衣库的强大。我买过一条优衣库的牛仔裤，才299元。它用的竟然是赤耳丹宁，这是高级牛仔面料的代名词，比传统牛仔面料轻20%。

所以，既有低价格，又有高逼格，才是优衣库真正的秘密。

有个公司是优衣库的中国门徒，就是凡客。凡客此前遇到很大的挫折，就是做到了低价格，却败在逼格上。凡客这两年大刀阔斧做转型，一个重要的提升动作就是提升逼格。

所以说，做价格的干不过做逼格的。这也是“痛点法则”所蕴含的另一秘密。

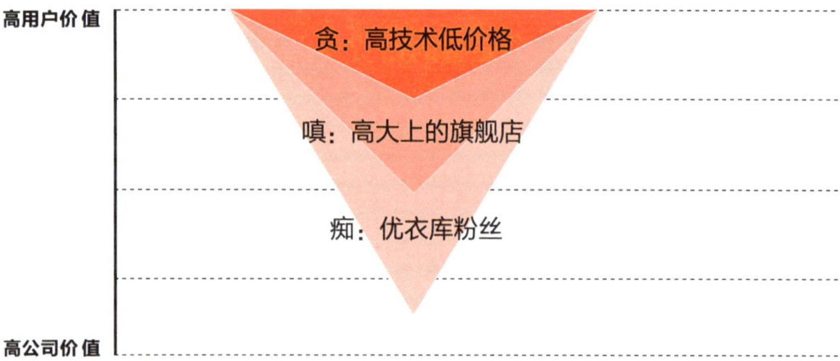

▲ 优衣库如何找到一级痛点

法则三：数据拷问

如何持续地找风口、找一级痛点？

靠创始人、靠产品经理、靠铁杆粉丝，远远不够，找痛点的核武器是数据拷问。

“大数据”这个词经常被提及。我认为，数据的意义不在于大小，而在于是否擅长数据拷问。

举个例子，“数据控”林彪。1948年10月14日，东北野战军攻克锦州后，与廖耀湘集团二十余万人在辽西相遇。有一天晚上，值班参谋在读战报，说遇到了一个“遭遇战”，歼敌多少等，还有不少数字。林彪很快抓住了关键，问了三个问题：“为什么那里缴获的短枪与长枪的比例比其他战斗略高？”“为什么那里缴获和击毁的小车与大车的比例比其他战斗略高？”“为什么在那里俘虏和击毙的军官与士兵的比例比其他战斗略高？”

根据这些数据拷问，林彪断定敌人的指挥所就在这里，最后活捉了廖耀湘。

林彪没有大数据，数据挖掘工具也很粗糙，就一个小红本，但是这种数据挖掘的功力很强悍。这种数据挖掘能力也是林彪的一个秘密武器，虽然林彪的数据挖掘还是比较浅层的，但是，仍能给我们很多启发，也是数据挖掘的三板斧。

（1）数据感很重要。林彪的数据挖掘工具很粗糙，就一个小红本，但因为有强烈的数据感，从战略上就很给力。

（2）通过纵比和横比，发现隐藏在市场上的真相。

（3）通过大数据倾听用户的心跳。这是林彪做不到的，也不支持，但是互联网公司赖以野蛮生长的给力武器。

对互联网公司而言，数据挖掘是找痛点的核武器。

互联网公司也有一个战神——腾讯。我跟腾讯一些内部人士聊天，他们甚至认为，腾讯一个最具门槛性的核心竞争力是“数据挖掘”。数据挖掘不是一个新词，微软、戴尔都是真正的高手，甚至有一条“数字管理神经”。数据挖掘的真正含义是，就像水质检测仪，面对一个数亿计的消费群，谁能把握消费之水的流动，谁就掌握了规则。

像马化腾一样关注产品的互联网CEO还有不少，如丁磊和史玉柱，他们也是著名的用户体验派。但是，在马化腾用户体验战略的冰山下面，还隐藏着一个不为人知的巨大基座。这一冰山基座就是数据挖掘系统，从大量数据中获取有效的、新颖的、潜在可用的、最终可理解的信息，以辅佐公司战略的数字神经系统。这是一个真正的重武器，即使整个中国互联网，真正拥有这一系统的公司也极少，只有那些具备平台级优势的公司才拥有，如腾讯、百度、阿里巴巴。

从2008年开始，马化腾开始要求各条业务线的主管每天给他发送一封反映业务指标数字的邮件，内容包括包月用户是多少、增加了多少、减少了多少，跟上个周同日比或者跟上个月同日比分别升跌了多少、有什么异动。“这个是需要每天都去关注的东西，如果说你做管理者不去看这些东西的话，很久才看一下，中间会错掉很多东西，或者说你反应速度会慢很多。”马化腾说。

不仅自己看数字，马化腾也要求每一个高管、部门负责人，甚至产品经理也要对数字保持密切关注。

数据是每一家互联网公司安身立命的基础之一，不过像腾讯这样长期坚持以数据为导向的公司并不多。1999年，腾讯刚刚成立不久，当时天使投资人刘晓松决定向腾讯注资的一个主要原因就是因为他发现，当时虽然腾讯还很小，但已经有用户运营的理念，后台对于用户的每一个动作都有记录和分析。

在成为用户最多的互联网公司后，腾讯所掌握的用户数据量日益丰富，挖掘这些数据成为腾讯后来在扩展多元业务时屡试不爽的重武器。有分析人士甚至说，“数据挖掘”才是腾讯最具门槛性质的技术。在中国，腾讯绝对是数据挖掘的高手。

数据挖掘的更深层部分是腾讯在IDC（互联网数据中心）上的积累，如高速上传、大容量邮件传输的后台及基础技术支持。

“我们每一天用户上传的照片数，可能就是中国某个互联网公司一个月的数据量。”

2007年，腾讯成立了腾讯研究院，研究院共有六大研究方向，数据挖掘正是其中之一，“以用户为中心，如果你对用户什么都不了解，那是空话”。

腾讯研究院的院长有一次这么跟我说：“用户一尝试，用一两秒钟就退出来了，这说明这个可能没做好，而不是他不想用。或者他连光顾都不光顾，没这个需求。这是通过我们后台都可以看出来。我们也有对竞争产品相同功能的一些监测，这样的话我们可以有个比较。比如一个功能用户（在竞争产品上）停留了二十分钟，我们这边只有五分钟，那说明我们的性能有问题。”

数据挖掘还有一个“特种部队”——T4专家组，T4就是专家工程师，在腾讯的技术职业路径里，一共分为6级，从T1（工程师）到T6（首席科学家），T4是一个中流砥柱般的存在，必须做过亿次级的用户量级才能当选，目前不到50人。一旦遇到重大的产品难题，由T4组成的特别小组就会加入，他们亿次级用户量级的经验将发挥作用。

对用户的数据挖掘后来在腾讯网络游戏的崛起中也发挥了大作用。腾讯从2003年开始运营网络游戏，曾遭遇挫折，直到2008年，腾讯才在多个细分市场中找到了合适的韩国游戏作品。在代理韩国游戏的过程中，腾讯提出来要介入所代理游戏的研发，如对《穿越火线》中子弹射出后的弹道设置。腾讯根据对用户的数据挖掘认为，韩方原本设计的逼真效果对中国用户并不合适，用户对腾讯设计出的节奏又快又鲜明的弹道设计更加兴奋。最后的结果表明，腾讯是对的。

腾讯强大的数据挖掘和产品能力仅有的几次失效出现在搜索和电子商务。“搜索的技术门槛颇高，搜索的研发需要时间。”马化腾说。

对数据的挖掘不仅可以用来进行用户研究，还大大提升了腾讯的运营效率。早期，腾讯曾经过度使用群发广告来推广产品，这样大规模地推送广告不仅“大部分是浪费掉的，而且还引起很多人的反感”。

后来，腾讯开始进行推广资源的控制。比如，公司分配给业务单位的群发数保持恒定，同时公司的战略发展部门派出一个小组来专门管控群发广告的效率。这个小组会先给业务部门做测试。比如业务部门要发几千万条广告，就会被要求先发几万条试一下，一旦发现效果不好，必须进行修改，或者是更换广告发送的用户群。如果广告发送后的点击率和用户满意度下降，下个月分配给这个业务的推广预算就会被扣除；反之，如果效率高，这个产品就会得到更多的营销资源奖励。这一模式逼迫业务部门对用户数据挖掘得更加精细后才会进行广告群发。要靠这个奖惩来控制营销的资源。

这一制度执行的结果是，起码把四分之三的水分挤掉了，推广量只有以前的四分之一，但是效果其实没有变化太大。

在很多时候，这种大数据产品离我们比较远，数据量也没那么大。对产品和产品运营而言，最大的痛点其实是分析、运营好身边的小数据，不被数据欺骗，找到提高留存率、转化率等的有效手段。

数据拷问有三个关键维度。

第一，关键用户数据。找到能够对产品产生决定作用的数据，如小米的关键用户数据就是发烧友。

有一个互联网公司叫True&Co.，就是用大数据的方法挖用户痛点。数据越大，效果越强。在True&Co.的在线网店上，超过100万名女性参与了合身测试，为公司提供了将近1500万个可供挖掘的数据点，用于改进产品和服务。女性选文胸的最大痛点，就是尺码。两种度量法皆没有考虑到女性胸部的弧度（空杯还是满杯）或重量分布（集中在胸前的哪个位置）。

用大数据做产品研发。True&Co.确定了6000种不同的女性体形，归为8种彩色编码的分类，分别对应不同的胸型和重量分布。他们发现，10个女性中有8个对内衣衬垫有着绝对军事级别的严格要求，而有6个更偏爱无衬或薄衬的内衣；而且深色内衣的销量是浅色内衣的3倍。

推出爆品。True&Co.发布两个内衣系列品牌，如今它们在公司收益中占据了40%。品牌之一“伊人（光彩）倩影”【She Walks in Beauty（+ Light）】于2013年年底面市，为限量内衣系列，包含少量内裤，专为解决常见的合身问题而设计。2014年6月份推出的品牌之二Uniform则完整传达了True&Co.的使命。这是全套的内衣、内裤和家居服系列，汇聚了50多万名女性的观点。

第二，横比和纵比。横比就是跟同行相比；纵比就是和自己的时间轴比。

第三，细分和溯源。细分就是按照不同的维度做更深的挖掘，比如按照时间维度挖，可以从周数据挖，再到日数据等。溯源就是查询这个数据的源头、源记录，由此分析和发现用户的行为。

我很喜欢一部美剧，叫《纸牌屋》（*House of Cards*），这部美剧很奇葩，它的爆红完全是靠数据挖掘。奈飞公司（Netflix）就是这部电视剧的幕后黑手。在推出《纸牌屋》之前，奈飞公司一度是股市上的过街老鼠，股价曾从298美元跌落至52.81美元。

奈飞公司在美国有2700万订阅用户，在全世界则有3300万名用户。这导致每天产生3000多万次行为，比如暂停、回放或者快进时都会产生一次行为。奈飞公司的订阅用户每天还会给出400

万条评分，以及300万次搜索请求。

奈飞公司通过分析数据发现，用户很喜欢大卫·芬奇（David Fincher),《社交网络》（*The Social Network*）、《七宗罪》（*Se7en*）的导演，知道凯文·史派西（Kevin Spacey)主演的片子表现都不错，还知道1990年BBC的《纸牌屋》很受欢迎，决定花1亿美元赌一把。

爆品研发“金三角法则”：关于痛点法则

◎ 不是60分万岁——产品做到60分，渠道做到90分，就能秒杀市场；而是120分万岁——产品要做到120分才能秒杀市场。

◎ 只有抓住用户最痛的那一根针，产品的引爆才有可能。

◎ 贪：性价比是绝杀。

案例：小米插线板一年卖出1000万只的原因、小米移动电源第一年就打爆一个行业的原因，就是把性价比做到极致。

◎ 嗔：性价比是绝杀，更绝杀的是逼格。

案例：苹果的两大逼格武器：一个是金属工艺，一个是超薄。甚至用“薄”狙杀对手。

◎ 高逼格也意味着高溢价。

案例：史上最高逼格耳机Beats就是靠高颜值，专注各种明星合作。

◎ 痴：比逼格更痛的是粉丝模式，让用户变成粉丝。

案例：找痛点大师史玉柱，打造网游爆品的背后，是他迅速洞察了网游的特权体系，并把这种特权体系做到极致。

◎ 靠创始人、靠产品经理、靠铁杆粉丝，远远不够，找痛点的核武器是数据拷问。

案例：数据拷问是腾讯安身立命的根本。马化腾不仅自己看数字，也要求每一个高管，甚至产品经理也要对数字保持密切关注。

◎ 痛点法则有三个行动工具：找风口、找一级痛点、数据拷问。

案例：优衣库爆品秘密：贪（高技术低价格）、嗔（高大上旗舰店）、痴（优衣库粉丝）。

扫描二维码
进入金错刀爆品战略课堂

尖叫点法则

产品是1，营销是0

什么是产品的尖叫？

就是要有用户口碑。说得再直接点，就是在产品早期，没有任何广告的情况下，靠用户的口碑就能实现冷启动。做产品，最难的就是从0到10000的过程，这就是产品的冷启动阶段。

痛点法则讲的是用户思维，如何深度理解、洞察、挖掘用户。找到痛点远远不够，你要把这种痛点变成产品的尖叫。

尖叫就是产品的口碑指数。在传统的“流量光明森林”里，产品很重要，但是有没有口碑指数并不是生死关键。但在互联网的“流量黑暗森林”里，产品的口碑指数则是生死关键。

“产品是1，营销是0。”这句话是我跟黎万强的一次对话中，他对小米模式的总结。在互联网上，一切中间环节被砍掉，只有产品够尖叫，你才有放大10倍、100倍的威力。如果产品不够尖叫，光靠营销放大，是很难持续的。

雷军创立小米时，对金山过去的模式有过深入骨髓的反思。

一个最重要的反思就是产品思维：“中国在很长时间内是产品稀缺的。粗放经营，做很多，却很累。一周7天，一天恨不得工作12个小时，结果还是干不好，就认为雇用的员工不够好，就开始搞培训，搞运动，洗脑。但是，他们从来没有考虑把事情做少。互联网时代讲求单点切入，逐点放大。”

爆品战略跟传统企业做产品的最大区别，就是产品的尖叫指数。传统企业也会想办法让用户尖叫，大多是采取营销手段，发展了N多种打法，如疯狂打折、明星参与促销、超强赠品、免费、美女促销等。

时尚品牌A&F就是这样一个非常奇葩的公司，我算是他们的粉丝用户，北京有一家A&F旗下品牌Hollister的店。A&F的性感营销有自己的三板斧：第一，开业时请八块腹肌的半裸男模助阵；第二，店面设置很变态，很多人进去吓一跳，灯光很灰暗，甚至看不清脚下的路，空气中弥漫着浓重的A&F古龙香水味；第三，拼颜值，A&F的售货员颜值都很高，而且穿着海滩装和拖鞋，因为这个公司信奉“漂亮的人会吸引更多漂亮的人”的原则来招聘店员。

A&F前首席执行官麦克·杰佛瑞斯（Mike Jeffries）还说过，为什么A&F不卖XL尺码或XXL尺码的大码女装，因为A&F不做胖女人的生意。

听上去很有创新吧！但是这个奇葩公司正遭遇业绩大幅下滑的困境：A&F的同店销售已经连续12个季度出现下滑，2014年在美国关闭了超过60家门店。

半裸男模为什么救不了A&F？A&F那种传统做产品的模式过时了，产品太不尖叫。A&F的杀手锏就是在衣服上印大LOGO，就是那个标志性的大麋鹿，但是现在年轻人不喜欢这种大LOGO的方式。我逛过几个A&F和Hollister的店，基本上都是空手而归，因为除了大LOGO，它在面料、设计上几乎没有什么创新。

噱头很重要，但绝不是卖点。营销噱头重要不重要？重要，这可以带来流量，但是，如果没有产品力的支持，即便是再多的半裸男模也没用。

过去制造尖叫的王道是“与众不同”，A&F就是这样一个与众不同的例子。但是互联网时代制造尖叫的王道是“让用户爽”，这也是一种基于用户思维的价值锚。

如何在互联网时代制造尖叫？尖叫点法则有三个威力惊人的尖叫点行动工具：流量产品、打造产品口碑、快速迭代。

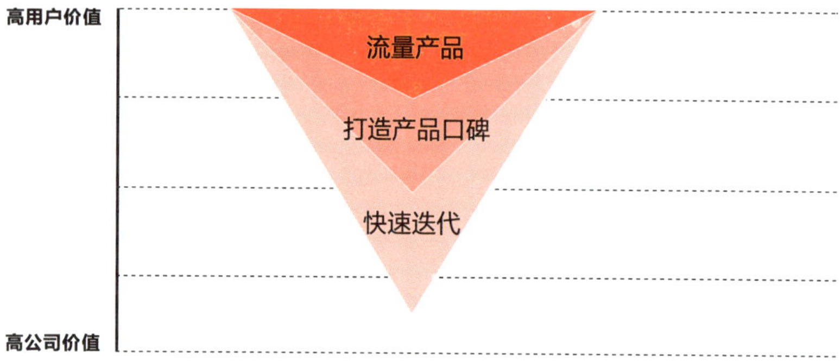

▲ 尖叫点法则

法则一：流量产品

几乎所有传统企业的创始人都会跟我讲一个烦恼：如何在互联网上做流量？

传统做流量的方式就是渠道，互联网上做流量光靠渠道远远不行，必须要用互联网的方式，这种方式就是设计流量产品。

什么是流量产品？就是用产品来拉动用户流量的方式。设计流量产品甚至是爆品模式的一个必修课。

互联网公司做流量产品最常干的一招就是免费，或者补贴。比如，首单免费几乎是所有互联网公司最基本的招数。神州专车有一段时间是“买100返100”，后来又干了一招狠的，免费给所有用户送1000元优惠券，当然每次只能用50元，而且大部分只能在接送机时用。

小米移动电源，10400毫安才卖69元；小米插线板也是超高性价比，只卖49元。为什么？因为它们都是小米的流量产品。

在传统企业中，宜家是设计流量产品的高手。宜家很奇葩，一家传统企业，但竟能在电商这个12级海啸的大浪里一直独善其身，非常不容易。2013年宜家网站的访问量增长了将近20%，而与此同时其线下店的客流量仅下降了1%。这让很多传统家居企业看到都要撞墙了。

宜家也不奇葩，它就是家居业的苹果。在我看来，宜家能成为传统家居企业中的异类，不是因为家居品类的特殊优势，也不是因为宜家的供应链强大，而是因为宜家和苹果一样，都有一个不死秘籍：强悍的流量产品。

宜家的产品，都经过设计师精心设计，很有逼格。一个品牌竟然创造了一种风格——宜家风，表面上卖的是简洁、美观以及价格合理，背后也有着北欧式平等自由的精神。

宜家很注意抓痛点。比如，在走访的七个城市中，宜家发现中国被访者在早晨一般比较匆忙，从起床到出门，有93%的人平均耗时在1小时以内，上海的受访者平均时间只有40分钟，这和印度孟买的受访者从起床到出门长达2.5个小时形成鲜明对比。针对这一习惯，宜家中国在衣柜产品中，推出了在衣柜外侧可挂衣架的配件新品。

最重要的是，宜家很多产品是低价格，宜家在店面里设计了很多流量产品，每隔几米就有一个，如拉克桌最低售价33元、布朗达碗最低售价4件一共7.9元、平底锅仅售7.9元。

爆品的王道不是低价，但流量产品的王道就是低价，甚至是免费。

流量产品的杀伤力惊人。不信看看餐厅外婆家，每次去都排队，而且每家店都排队，感觉365天都要排队。它是一家针对年轻人的快时尚餐厅，基本上都开在大的购物中心里，为什么？年轻人多啊。

在装修的材料方面，外婆家也更多地采用铁、实木、砖墙面，在北京蓝色港湾店，竹子作为装修元素也很凸显。整个餐厅没有封闭的包厢，不会感觉太正式、太压抑。如果需要类似包厢的环境，有几个用竹子编成的鸟笼形状的餐桌可以选择。

在外婆家的菜单上，一盘麻辣豆腐只要3元，这是路边小餐馆也不敢做到的价格，却出现在了一家装修很有逼格的餐厅里。当然麻辣豆腐是个极端的例子。但是总的来说，外婆家的菜比同档次的餐厅便宜。根据大众点评网的数据，无论在杭州、上海还是北京，外婆家的人均消费均在60元以内，这还是在顾客“可劲儿吃”的情况下。对于年轻人来说，口袋中的钱并不充裕，经济实惠永远是考虑的重要因素。

外婆家创始人吴国平，不仅是个价格杀手，还是个价值链杀手。吴国平对餐厅的价值链进行了大刀阔斧的动刀：用工业化方式做餐馆。

吴国平的经历并没有什么浪漫色彩。吴国平自己创业之前，在一家生产塑料药包材的国有工厂里干了十几年，从普通工人一直做到车间主任。在工厂的那段经历，是吴国平如今能够成功管理的关键。连锁餐饮企业也是连锁企业，最难的是标准化，而一板一眼地做事，用标准化、程序化来控制质量的稳定，正是工业企业最擅长的事。外婆家如今的一些管理和流程标准化的方法，就来自吴国平之前流水线上的经历。

吴国平在外婆家还干了一招，干掉了不少大厨，就是引入了一个叫蒸烤箱的新技术，一下子可以做好多菜品，减少大厨的参与。

法则二：打造产品口碑

有一次跟雷军聊起口碑，他反问我：“好产品一定有口碑吗？”我说：“不一定。”他又问：“便宜的产品一定有口碑吗？”我说：“不一定。”他接着问：“又好又便宜的产品一定更有口碑吗？”我说：“不一定。”

▲ 产品在互联网上能打爆的最最关键，

就是打造超预期的口碑

那什么是口碑呢?

口碑是超越用户预期，就是在一星级的餐厅，享受到五星级的服务。绝对超预期，绝对有口碑。

雷军认为，做口碑最好的企业是海底捞，甚至要求小米的高管去体验海底捞的服务。

“我再告诉你很重要的因素出来了，我也去过海底捞，只有一个小地方打动了我，就是他的服务员是真的在笑，是真笑不是假笑。海底捞的服务肯定不会比五星级酒店的服务好，是肯定不会，那为什么有这么强的口碑呢？这个口碑的真谛是超预期，就是我去一个很破的地方，我们奢望得到一星级服务我们就会觉得好，但如果你在大家都是一星级服务的地方做了两星级服务就是高口碑。如果在五星级酒店做五星级的服务是没有口碑的，因为你付了那个钱。你在五星级的酒店一定得做六星级和七星级的服务才有机会，做五星级是没有机会的。所以口碑的核心是超预期的，就是你做的哪些事情能超越预期。”

那么如何打造超预期的口碑呢？打造超预期的口碑有三个工具：病毒系数、超预期的用户体验、跑分。

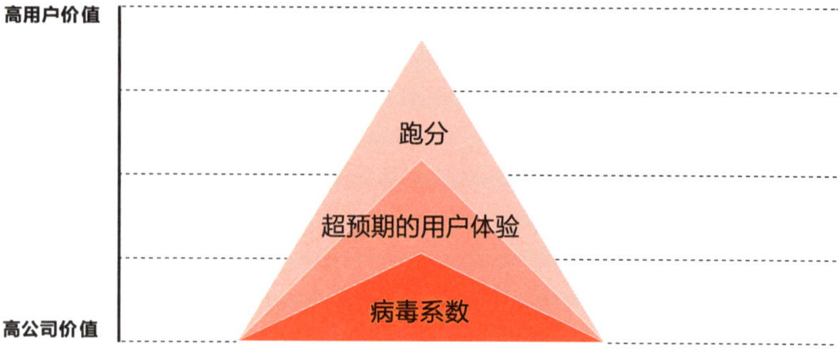

▲ 打造超预期的口碑

病毒系数

什么叫病毒系数？

病毒系数就是当用户在使用一个产品的时候，这个用户有多大的可能传播给另外一个用户。互联网上有很多昙花一现的爆红级产品，如足记、脸萌等App，都是找到了产品的病毒系数。

测试产品的病毒系数很简单，就是看四五岁小孩最喜欢哪个。

病毒系数对传统产品可能不重要，但是对互联网产品至关重要。我一直用一个叫“小偶”的App，就是可以把自己的头像做成3D效果的画像，而且可以换各种无节操的衣服、配饰，还可以配上各种无节操的MV。这是我4岁的女儿最喜欢玩的App，乐此不疲。她给全家人都做了3D画像，各种恶搞。

台北故宫博物院有一款明星级的产品，很多人去了都会买，一个印着“朕知道了”的黄色不干胶带。这样的产品，就是有病毒系数的产品。

北京故宫博物院也不甘示弱，在天猫上开旗舰店卖产品，有一款产品也很爆，是一把扇子，上面题的字都是雍正御笔，什么“朕即福人矣”“朕生平不负人”“朕心寒之极”。这把扇子拿在手上极霸气，送人极富创意。广告代言人是雍正，而且是比剪刀手的雍正。

超预期的用户体验

对于软件公司而言，制造超预期的口碑，就是让用户爽。

看看腾讯。马化腾自1998年创立腾讯，历经十几年时间，几乎所有互联网的大风口都没有错过。我认为，腾讯屡次逃过生死危机，就是靠爆品自我拯救。

第一个转折点：1998年。早期QQ能跟OICQ，以及N多即时通讯软件PK，如何跳出生死局面？就是因为马化腾找到了一个搞定中国用户的口碑点：卡通头像。

早期上QQ，因为身边的人大多都没有上网，所以上网认识的大多是陌生人，我们在QQ上聊天完全不知道对面坐的是一条狗还是一个人。所以当时QQ用户都可以有一个很可爱的卡通头像，让用户想象这个朋友背后是什么样的人。

第二个转折点：2003年。腾讯早期是靠中国移动的增值业务赚钱，但这里面也暗藏危机，腾讯为此搞出了一个互联网增值服务的爆品——QQ秀，最终摆脱了对中国移动的依赖。

QQ秀的口碑点就是炫耀。QQ秀本身是一种会员类的服务，因为年轻人有炫耀的需求，开通会员后星星、月亮等级加速更快，名字会排在其他好友前面，这样他们很有面子。

第三个转折点：2004年。当时网游很火爆，有棋牌轻游戏、网络重游戏等几个流派，没有任何游戏经验的腾讯第一款重度网络游戏《凯旋》是很失败的。但是，后来腾讯竟然搞出了一个棋牌游戏爆品——斗地主。自此，游戏成为腾讯商业模式最重要的部分。2004年到现在，公司超过一半的收入来自游戏。

第四个转折点：2005年。那一年，Web2.0甚嚣尘上，有不少新的杀手级应用出现，怎么办？腾讯推出了一款爆品——QQ相册，也干掉了另外一个对手51.com。

第五个转折点：2011年。移动互联网呼啸而至，BAT也面临移动的生死冲击。又一款爆品出世救主——微信。

再举个例子。2011年前后，中国互联网公司开发的类似“微信”的产品有二三十个。其中米聊是第一个做微信类产品的，但最后为什么都落后于微信了呢？就是因为微信创始人张小龙抓住了一个关键点：让用户爽。

张小龙解释说：“因为用户没有感觉到爽，很多大公司能够过‘技术’这一关，但它们缺乏的是艺术，缺乏哲学层面上的思考。”他说，真正互联网的产品是技术和艺术的结合。“性与暴力”，是张小龙让用户感觉到爽的两件独家利器。

张小龙有过教训。有一次他亲自在一个线下活动推销微信，说微信可以免费发短信、语音，没人有反应。但一说可以搜到附近的美女时，好几个人都跑过来说要赶紧装一个。

“摇一摇”的“咔咔咔”声音也是张小龙精心挑选并设计的。“这个枪声，你可以说是一种性感的暗示。对于男生来说，它甚至是有暴力的暗示，这会感觉很爽。”张小龙说。枪声的灵感可以追溯到他玩CS时的体验。

小米联合创始人洪峰负责小米的“吃软饭”部分MIUI。洪峰的秘密武器就是一句话：发烧友图的就是一个“爽”字。为此，不惜去冒险，不惜付出代价。

为了让用户爽，MIUI采取每周迭代的方式，持续、大量地对MIUI的软体验做微创新。

举个例子，MIUI曾经推出了一个智能群发的产品。当时大家还用短信拜年，群发的诚意不足。当时MIUI做了群发称呼，就是群发短信可以插入称呼，比如“称呼+过年好”。你发短信，它会动态地把临时姓名这一栏填上去，变成“雷军过年好”“黎万强过年好”。

另外，你还可以改名字。因为直接称呼不太好，我给雷军发短信，一般不说“雷军过年好”，因为这样没有“雷总过年好”动听。对商务人士来说，几百个人逐一改名字不放心，万一你给别人起了外号，却放在了群发称呼上，结果肯定不好，所以后续升级版叫智能称呼。

小米男性用户很多，他们基本都有一些私密信息需要查看。所以MIUI设计了一个私密短信入口，把短信标记成私密后，在入口上，无论如何你都找不到看私密短信的方法，没有一个菜单告诉你它是私密短信。

这些功能，大家听了之后都会心一笑。如果你碰到一个死党，会跟他介绍私密短信，会发到微博上，这就是口碑。

一个企业的实质就是产生价值，价值有各种各样的体现形式，无非就是硬产品、软体验或二者结合。重要的是，当你推出产品或服务时，能不能有口碑点。

跑分

硬件产品如何超预期？太难了。

硬件产品要想超预期，只拼技术、拼性能是不行的，必须制造超预期的硬体验。

什么是硬体验？就是用户能够直接触摸、可感知的用户体验。比如，苹果的铝合金外壳、超薄，都是你能触摸到的。

先看看乔布斯的一个硬体验：如何干掉电脑的开关键。乔布斯最讨厌开关键，他在《史蒂夫·乔布斯传》里提到过："我愿意认为，在一个人死后有些什么东西依然存在。但是另一方面，也许就像个开关一样。"他说："啪！然后你就没了。也许这就是为什么我从不喜欢给苹果产品加上开关吧。"

使用苹果笔记本，最爽的一个体验就是把笔记本一合，就自动待机了。但是用ThinkPad，需要先点下"休眠"选项，而且电脑轻微震动后就会自动重启，甚至变得很烫，电池很快就耗光了。

乔布斯会对用户"开关键"的需求做很深很深的挖掘。苹果笔记本的节能一直做得不错，默认15分钟内从关闭屏幕、硬盘直到休眠，把功耗做得低到可以忽略。然后动一动鼠标，电脑就又马上可以用了。

苹果笔记本节能表现这么好得益于软硬一体，据说连敲击的间隙都会把键盘电路切断来节能。而从OS X Mavericks开始，苹果已经将电源键短按默认设定为sleep。这或许暗示用户，你可以把苹果笔记本像iPhone那样用了——按一下锁屏，再按一下点亮。

制造"超预期的硬体验"更难，需要先找到用户的一级痛点，再把这种一级痛点变成尖叫级的产品。"超预期的硬体验"是做硬件爆品的必由之路。最困难的地方在于，它要平衡硬件技

术和用户体验的关系。

再看另一个爆品例子。有一款硬件产品，3个月过100万只，5个月后实现第二个100万只，6个月后实现第三个100万只，7个月后实现第四个100万只，8个月后共卖出600万只。

这就是小米手环。小米手环的创始人叫黄汪，一直做智能硬件产品。曾经做过一款Z Watch的智能手表，硬件体验很好，但是却没有成为爆品。

2013年11月，一次偶然机会，黄汪送小米高管一个Z Watch智能手表，第二天他回北京后让雷军试戴。隔天雷军叫助理打电话约见黄汪，半个月内便敲定合作，成立了华米公司。

雷军不断向黄汪灌输“All In”思想，即整个团队全力干一件事。整个2014年，华米上百人尽全力把小米手环做到极致，致使另外两个产品：平板电脑和“智器”品牌，最终不得不放弃。

小米手环成为爆款的背后，是黄汪的三个选择。

选择一：把省电做到极致，30天不充电。普通手环没有把省电当作核心痛点，使用一星期电量就会耗光。雷军在发布会上说小米手环能坚持一个月不充电，其实黄汪是按待机100天的标准来设计产品。为了省电，内部5个团队设计5种不同的芯片解决方案，相当于看5个孩子同时成长。1个月后干掉两种方案，2个月后又干掉一种方案，只剩下两个方案继续运行，最后选择其中的一个方案。

如果只用来计步，小米手环可以用3个月至100天，免去用户频繁充电的烦恼。省电同时带来一个意想不到的好处：增强用户黏性。用户使用普通手环一星期后必须充电，第一次充电后记得戴，再次充电后可能忘记戴，等想起来再戴，反反复复容易造成用户流失。

选择二：定位人体ID干掉屏幕。干掉屏幕是个取舍问题，屏幕不仅耗电，而且满足看时间需求给用户带来的价值感不大。如今我们把手环定位为人体ID，其未来发展方向是成为人体芯片，而芯片本身没有屏幕，根据这一理念毅然而然干掉了屏幕。

手环是手机认证工具，与苹果指纹解锁功能相似。既然手环可以作为手机认证工具，那也可以成为其他产品的认证工具，相当于人体ID，即个人身份证。

选择三：死磕铝合金表层和腕带。黄汪花了大量精力在铝合金表层和亲肤腕带上。铝合金表层整体设计用到了所有能用上的工序，三个指示灯由三种不同颜色的光组合而成，每个灯有256种颜色可供选择，混光难度极高。当时华米内部争论非常激烈，后来思考随便挖3个洞透光容易但使产品逼格丧失，所以最终做成激光穿孔。这一复杂工艺使成本提升了15%，但实现光透出来、水进不去的显示效果，体验水准超过Misfit和苹果，达到业内最高水平。

小米手环腕带采用美国康宁TPSiV材质制成，成本极高，通常用于制作奶粉罐里的勺子，无毒无害，手感润滑，能有效降低皮肤过敏的现象。这也是基于国外同行的一些教训，Fitbit曾因引发人体皮肤过敏而被迫召回。

小米手环的价格是79元，要知道，当时大多智能手环类的价格是699元左右，Misfit则是899元。技术指标能够PK国际大牌，但是价格只有大牌的1/10，这是小米手环能成为爆品的关键秘密。

腾讯是把软件爆品做到极致的公司，小米是把硬件爆品做到极致的公司。

在雷军的爆品武器中，最强悍的一招还不是超预期的硬体验，而是跑分。

什么叫跑分?

按百度百科的解释，跑分就是通过相关的跑分软件对电脑或者手机进行测试以评价其性能，跑分越高，性能越好。

这里讲的跑分，则是一种爆品战术，通过产品的性能指标来突出产品的价值锚。

小米早期甚至是“只为跑分而生”。的确，早期的小米一穷二白，要想快速引爆市场，只能打一个点：小米手机就是快。想要突出快，只能靠跑分。

跑分最直接的呈现，就是拿自己的产品性能跟对手做个直接的对比。

小米电视2S推出时，推出了一个超预期的硬体验——9.9毫米的超薄电视。小米电视2S跟夏普、索尼做了一个跑分，直接秒杀对手。

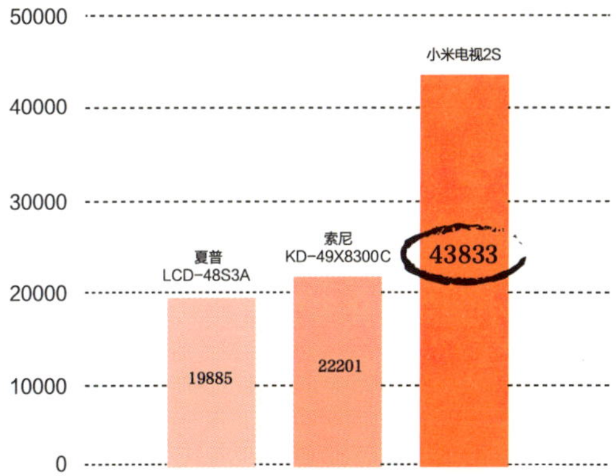

▲ **安兔兔软件跑分测试：夏普、索尼和小米电视2S**

2015年，小米推出空气净化器，售价899元，比此前众人预测的999元低了100元。

空气净化器领域，强手如林，特别是国外大牌很多，如IQAir、Blueair、飞利浦等。小米如何用爆品模式PK传统空气净化器？

性价比仍是绝杀。有业内人士跟我说，小米这款899元的产品，第一批的生产成本应该在1000元以上，非土豪者难以学习。

但是，性价比背后，是小米的跑分战术。

跑分前，要先找到一针捅破天的痛点。此前，三个爸爸做空气净化器时，找的痛点是“空气净化器效果不可知”，后来豹米做空气净化器打的是“3M顶级HEPA滤网”，我已经感觉很痛了。但是小米空气净化器，仍然找到了很痛的痛点：第一，电风扇；第二，过滤网；第三，选择困难，空气净化器新概念噱头很多，用户没法选择。

跑个分——性价比的核心不只是价格，更重要的是性能。小米做空气净化器也找到了一个性价比指标，评估CADR。这是美国的标准，就是每小时能净化多少立方米的空气。小米空气净化器的净化能力达到了406立方米/小时。按照标准，净化能力达到400CADR就是属于大型空气净化器，可净化的面积在28～48平方米。小米还做了一个性价比的对比图，不找中端价位的净化器，直接跟6000多元的高端净化器做对比，如Blueair、飞利浦等。

品牌/型号	CADR值	适用面积	重 量	占地面积	滤芯网价格	市场价格
Blueair 410B	408 m^3/h	28.6～48.9 m^2	15.5 kg	0.14 m^2	598元	6061元
松下 F-655fCV-K	310 m^3/h	21.7～37.2 m^2	12.5 kg	0.14 m^2	449元	5999元
飞利浦 ACPO77/00	302 m^3/h	21.1～36.2 m^2	11 kg	0.068 m^2	428元	4999元
夏普 KC-w38OSW-W	375 m^3/h	26.3～45 m^2	10.3 kg	0.11 m^2	642元	4499元
Blueair 303	263.5 m^3/h	18.4～31.6 m^2	11.9 kg	0.11 m^2	398元	4047元
小米	406 m^3/h	28.4～48.7 m^2	8 kg	0.068 m^2	149元	899元

▲ 小米空气净化器与高端品牌净化器对比

除了性能强外还有颜值高。雷军说，光模具他们就花了1000万元以上。小米联合创始人王川有一次说了一个词“优雅地解决”，就是在实用和好看上一定是可以有个平衡点的。

小米的空气净化器一下子打爆了市场，因为价值锚太清晰、太强大了。

法则三：口碑核武器——快速迭代

深夜两点，一个被女同事称为小马哥、男同事叫作Pony的人给公司相关人员打来电话提醒，他在腾讯网站的首页上发现了一个错别字。

还有一例。QQ邮箱在2008年的400多个创新点中，有近300项由马化腾本人发现和提出。马化腾发现这些问题的方法很简单，就是反复使用。在一年时间中，他在与QQ邮箱研发团队的沟通过程中拒绝使用其他通信工具，全部交流都通过QQ邮箱来进行，近300个改进意见正是在他使用的过程中一一提出的。

我曾问过马化腾一个问题："外界最让你难以接受的误解是什么？"马化腾考虑了半天后回答："产品出个什么问题，特别多的人骂你。"

身为腾讯的"首席体验官"，马化腾要求每个"产品经理都要把自己当成一个挑剔的用户"。这种长期以用户身份来体验公司产品的做法，在腾讯自上而下形成了不成文的规则。

方斌是腾讯输入法的产品负责人。腾讯输入法在推出很短的时间内就获得了6000万用户，方斌和他的团队研发这款输入法产品的流程也是腾讯产品研发的标准流程。

2006年9月，腾讯决定启动输入法项目。当时先是由两三个技术人员进行一些相关背景的详细研究，包括市场大小、已有的产品能不能解决用户的需求，以及还有哪些未被满足的需求，同时进行一些技术储备。立项阶段结束后，2007年进入到正式的产品研发。第一个阶段是“原型期”，这个时期的用户体验在方斌所属的腾讯研究院内部进行。在半年时间内，研究院的同事给这款输入法提出和发现了超过百条的建议和漏洞。在这个阶段，一些技术上的漏洞基本上被解决。随后，就进入到产品化的开发阶段。这个时期的产品就会推广到整个公司平台，全公司的人都会参与体验这款产品。在这个阶段，方斌收到了超过1000条意见。其中还包括没有技术背景的公司总裁刘炽平通过内部即时通信系统发来的意见。

在产品正式推出后，真正海量的用户体验收集才开始。每一款产品，腾讯都专门提供了官方博客、产品论坛等用户反馈区，为了获得更多用户反馈，腾讯影音产品甚至在最显眼的地方设置了一个“反馈”按钮。在接下来的暑期中，方斌每天都能够在官方论坛里收到超过200条用户反馈。

为了解答用户体验的一个终极问题，用户到底需要什么？腾讯专门建了一个秘密武器：Support产品交流平台。Support是一个海量用户与产品经理直接交流与沟通的平台，产品经理通过每天浏览自己的产品交流版面，获取用户的需求与想法。通过“我要说一下”板块，让用户自己来说。

此外，马化腾还要求产品人员找到所有在其他博客、论坛里出现的关于腾讯产品的评价。找到用户评价还不行，还必须迅速反馈，每一个问题都必须给予回答并给出相应解决方案，而且还不能只是使用“知道了”“谢谢”之类的敷衍话语。有时候马化腾在网上“闲逛”时如果发现有用户提出的问题下面没有腾讯产品经理的回答，他会亲自来回答用户提出的问题，然后同时给那位“失职”的产品经理写一封邮件。

虽然公司没有明文要求，方斌和他小组里的其他工程师已经形成了一个习惯，每两个小时轮流监测，回复网上出现的用户意见。

“这个跟公司的文化有关系，因为我们公司整个强调以用户为中心的，如果你不能够很好地满足用户，最后体现在你的产品上就是做得不是很到位。”腾讯研究院院长郑全战说。

其他公司的产品论坛，很少能有像腾讯这样上升到战略高度的。郑全战有一次在竞争对手的论坛里看到用户对一款产品的抱怨声很大，结果三四个月也没有改进。这在腾讯是不可思议的事情。腾讯甚至把各个产品线上的用户体验人员，全部拎出来成立了一个公司级的部门——用户体验与研究部。这个部门从战略性的高度来建设，刚开始是十几个人，现在已有近百人的规模。

腾讯对用户体验的研究极近细腻，据说仅仅是关于研究用户卸载一款产品的过程，腾讯工程师就能做出30页的文字报告。

这就是被马化腾奉为金科玉律的法则：快速迭代。马化腾解读说："互联网化的产品都是这样，它不像传统软件开发，一下子刻光盘就推出，我们永远是Beta版本，要快速地去升级，可能每两三天一个版本，就是不断地改动，而且不断地听论坛、用户的反馈，然后决定你后面的方向。"

快速迭代就是根据用户的反馈，不停地做迭代和更新。换句话说，在快速迭代的机制下，没有完美的产品，一切都是Beta版。

软件产品的尖叫要靠快速迭代，硬件产品的尖叫能快速迭代吗？也必须拼快速迭代。在互联网上，没什么能经得起快速迭代。

比如，小米手机也是把快速迭代当作公司最重要的武器。甚至，小米手机的操作系统MIUI，建立了一个每周都迭代的机制。这种每周迭代的设计，变成了小米一个非常重要的节点："橙色星期五"。MIUI开发版每周五下午5点发布，小米的手机系统MIUI就会升级。这个"橙色星期五"直接深刻影响着小米产品的设计和完善。每周开发版发布，MIUI社区的点击数都是几十万、上百万。

其实在发布前一周或者两周，用户会跟产品经理、技术团队一起在论坛上聊到底想要什么功能，这个功能做得到底好不好。

小米会发起用户投票，用户认可以后才会放到版本里面去。

小米在周五更新以后，会在下周二让用户提交四格体验报告，这样就能有效检测哪些功能用户喜欢，哪些功能用户觉得很糟糕。很多次更新内容的用户意见征集，都会有将近10多万用户参与投票。周二看上周六哪些功能有问题，哪些功能做得更好。小米内部设置“爆米花奖”，根据用户对新功能的投票产生上周做得最好的项目，然后给员工奖励。

快速迭代也是一种试错机制，可以迅速纠正、校正产品的失误。举个小米失败的例子。王川早期做小米盒子，曾经历过一些“坑”。当时，他认为首要关键是解决在线视频播放卡的问题，后来投票发现播放下载视频才是用户最大的痛点。所以，用户参与能更快、更准确地找到痛点。

类似的例子还有很多。比如，小米手机有个功能叫HDMI支持，就是用转接线连上小米手机2就可以把屏幕镜像直接投射到电视上，这项小功能的成本是2美元。一开始大家都觉得挺酷，后来小米手机2一经发布就卖出五六百万台，才发现在小米官网同步购买转接线的用户还不足1000人。这就意味着，小米手机2系列总共销售1700多万台，这项小功能共花费3400多万美元，却只有上千位用户使用。

用这几个方法拷问，你的产品尖叫吗？

爆品研发“金三角法则”：关于尖叫点法则

◎ 不是热启动——产品一上市就靠广告、营销、明星猛砸；而是口碑启动，不靠任何广告，靠用户口碑就能实现从0到10000的过程。

◎ 传统工业时代制造尖叫的王道是“与众不同”，互联网时代制造尖叫的王道是“让用户爽”。

失败案例：时尚品牌A&F，如果没有产品力的支持，即便是再多的半裸男模也没用。

◎ 设计流量产品是爆品模式的一个必修课。

案例：宜家在电商这个12级海啸的大浪里一直独善其身，外婆家逆势扩张，就是靠强大的流量产品。

◎ 口碑就是超越用户预期，就是在一星级的餐厅，享受到五星级的服务，绝对有口碑。

◎ 硬件产品要想超预期，只拼技术、拼性能是不行的，必须制造超预期的硬体验。

案例：小米手环8个月能卖出600万只，最超预期的一招是把省电做到极致，30天不用充电。

◎ 在互联网公司爆品武器中，最强悍的一招还不是超预期的硬体验，而是跑分。

案例：雷军最狠的一招就是跑分，小米早期甚至被称为“只为跑分而生”。

◎ 在互联网上，没有什么能经得起快速迭代。

案例：马化腾的金科玉律世是，我们永远是Beta版本。要快速地去升级，让用户决定你后面的方向。

扫描二维码
进入金错刀爆品战略课堂

爆点法则

爆点=引爆口碑

“我本将心向明月，奈何明月照沟渠。”这是元代的一句诗，却有很多企业创始人拿这句话来拷问我：产品这么好，为什么用户不买账？

一个产品要想成为爆品，找到用户痛点是油门，找到产品尖叫点是发动机，引爆用户口碑是放大器。

2011年7月，小米手机1推出时，找的用户的一级痛点，就是智能手机都是伪智能，性能不够高。小米手机1就找到一个产品尖叫点：中国首款双核1.5GB智能手机，售价1999元。

2011年8月，小米做了一个爆点营销活动：我是手机控。当时的小米一穷二白，没人知道，如何引爆口碑呢？让用户晒自己用过的手机。由于当时微博上的传播还是以纯文字、图片为主，如果只是让大家来晒手机，参加成本太高。小米就开发了一个“我是手机控”的页面生成工具，一键就可以生成一个专属自己的手机编年史，再点击“分享”就可以发到微博上。

这个活动当天晚上一上线，转发就突破了10万次。据统计，“我是手机控”话题在新浪微博上有超过1700万条讨论，而小米没有花一分钱的广告费。

这就是引爆口碑的力量。爆点营销的核心就是通过互联网引爆用户传播的能量，爆点的核心，其实是精准。

最近30年，营销传播有三个大的时代。

早期是大众传播时代，就是通过电视这种大众传播方式打广告。典型代表是“晋江模式”的崛起，“央视广告+线下门店”是这一波品牌营销的最大代表。

中期是分众传播时代。一种是分众传媒这种媒介的崛起，专注于写字楼白领这一细分群体。最大的分众是搜索，百度这种基于搜索的竞价排名广告，引发的是一个品牌革命。典型代表就是莆田系医院的隐秘崛起。

现在是精准传播时代，随着互联网技术的深化，基于大数据的精准营销成为可能。比如DSP（Digital Signal Processing, 数字信号处理）技术，它能实现精准的点对点投放。其实，更大的精准是社群，就是同一需求用户群的结合，这也是微信带来的革命。典型代表是小米，其实做社群已经成为品牌的必修课。

但如何引爆用户口碑？爆点法则有三个最爆的行动工具：一个核心族群、用户参与感、事件营销。

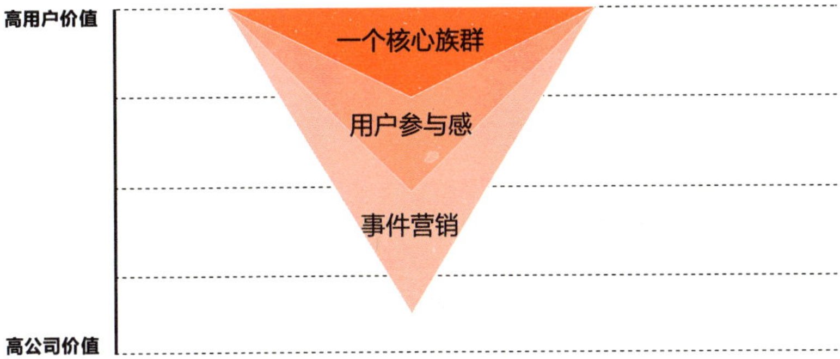

▲ 爆点法则

法则一：一个核心族群

通过小众影响大众，通过大众引爆互联网。**引爆小众就是引爆一个核心族群。小米的核心族群是发烧友，苹果的核心族群是设计师，京东的核心族群是IT男，亚马逊的核心族群是文艺女生。**

千万不要忽视小众，特别是那些意见领袖型的小众。比如，视频网站有一种很毁三观的模式：弹幕视频。我第一次看的时候，完全是晕菜的感觉。

弹幕网站和普通视频分享网站不同的是，观看者能在观看视频的过程中发表自己的评论，并能即时在所有观看者观看此视频的该时间点上以滑动而过的形式将字幕显示出来，从而增加了观看者之间的互动性。

满屏幕都是:“贺电”“打卡”“请保佑”“2333”等等。

弹幕视频的火爆就是因为引爆了一个很小众的核心族群:二次元爱好者,就是那些爱好动画、漫画、游戏的年轻宅,他们也被称为ACG界(英文单词Animation、Comic、Game的首字母缩写,动画、漫画、游戏的总称)。二次元看网络剧,绝对不能说“下一集”,必须说“下一话”。

能够深刻洞察一个核心族群,针对一个核心族群开发产品,甚至是一种核心竞争力。台湾有琼瑶,大陆有于正。于正是电视剧的爆品打造高手,被称为“收视王”,也是中国最有争议的编剧。他具有争议的几部剧有2014版《神雕侠侣》、2013版《笑傲江湖》、《美人制造》和《宫》等。

我挺欣赏于正的一句话:“别人看不惯你,又干不掉你。最强大的武器就是要努力。”于正最强悍的武器就是特别擅长搞定90后女生。90后女生是电视剧最核心的族群,搞定她们不容易。

在大三时,于正报了很多培训班,大部分是心灵鸡汤类课程,其中有一个叫作《观众心理学》的课程却给了他很大的启发。你自己就是观众,你要以自我为中心去看待任何的问题。

经过十几年的打磨,于正在“观众心理学”这个核心领域的修炼已经达到炉火纯青的地步。他的自我评价是:微表情解读高手。“一个饭局上,我能第一时间辨别出自己是否适合出现,一旦察觉不妥，我会立即告辞。”

如何搞定90后女生？于正就是用这三个武器不断制造爆点。

武器一：画面美。于正这个人最爱说的是“好好看哦”，为了美他真的无所不用其极。他在自己的博客上写：一部好的电视剧，细节很重要。做《美人心计》的时候，中国的电视剧里每个朝代衣服都差不多，于正就说汉朝明明有自己的衣服啊，我来做。之后他就严格按照汉服做，造型出来发现很陈旧，就以改颜色、换面料来烘托，效果出来确实不错。

为此，于正还专门学过色彩搭配，他像偏执狂一样地追求他想要的那个颜色。《美人心计》里演员配戴的首饰只用金银两种颜色，皇宫里用的都是金色，民间用的都是银色；而《笑傲江湖》里，大侠们的服饰五彩斑斓，红黄蓝绿大胆配在一起。《陆贞传奇》拍摄时，布料、染色都是专门到韩国定做的，因为国内做不出其中的一个颜色。

于正还爱用大量的鲜花营造出色彩斑斓的梦幻感。电视剧《宫》里有场拍桃花的戏。在拍摄前刮起了台风，桃花全没了，投资方想把花捡起来再绑上。但是于正不满意效果，就拿了自己的片酬全买了新的。

景色好看，人长得挫也谈不上美，所以在于正的剧里都是帅哥美女。有些不那么完美的，于正就让后期制作。譬如一帧帧地修掉男主角脸上的皱纹，增白女演员的肤色。至于那些年纪大、皮肤差的演员，没关系，于正也有办法，花个四五百万元用电脑去修她们的脸。总之，大家都好看到爆。

武器二：天雷滚滚的剧情。人物够个性，台词更是颠覆。比如那一段网友吐槽厉害的“想你多少次”的对话，小龙女和杨过就“想”这个话题展开了一番讨价还价。最后的结论是：上午想200次，下午想200次，吃饭想100次，杨过每天必须想姑姑500次。

在于正笔下，《笑傲江湖》里东方不败成了女人，跑到妓院去当花魁，再跟令狐冲谈恋爱。《神雕侠侣》里小龙女不再是高冷姑娘，而是“小笼包版”蠢萌少女；梅超风更是爱上了自己的师父演绎了不伦之恋；至于李莫愁，是被“渣男”伤了心来报复江湖的。

武器三：心灵鸡汤。要说于正对心灵鸡汤那可是真爱。他的剧都是二元世界，好人有好报，坏人终惨死。人物之间的关系也简单，爱则相合，不爱则相杀，其他种种，不过佐料。

女主角都是奋斗在闯关模式中的圣母，结果也毫无悬念。于正几乎每部作品都有着浪漫唯美的爱情，美丽善良的女主角总会排除万难，最终修得正果。这是因为双鱼座的他浪漫多思，很向往这样纯粹浪漫的爱情，所以在创作的时候也会贴近他自己的个性。

也许有人会问，套路都一样，还有人看吗？不光有，还很

▲ 以前是大众传播时代，后来是分众传播时代，
现在是精准传播时代

多，而且都是铁杆粉丝。台词里一句简单粗暴的“你是我的女人”，就能让观众“好感动好感动”，从而忽视很多雷点。这些粉丝最爱的就是女主角的励志道路和圆满结局，让她们感受到剧里面满满的都是正能量。

于正是个强悍的黑暗系产品经理，虽然他的剧真的有一众bug，但是他又的确抓住了观众的心理，也使得他的每一部剧收视率极度高。

你能找到自己产品的核心族群吗？

法则二：用户参与感

找到一个核心族群后，最重要的是引爆用户参与感。

庞大的互联网信息体系，大部分是由用户参与制造的。谷歌广告策略规划团队的主管发现，网民拍了3800亿张照片，占据了自古以来拍摄照片总数的10%。其中，无节操图片、卖萌照、病毒视频一直威力很大。

比如，在几个月时间里，光是上传到YouTube的各种“屌丝舞”视频就有50多万个。在一个月里，谷歌上关于喵星人图片的搜索次数更是达到空前之高。

在互联网上，用户的参与感是一种能量交换。精神分析学家唐纳德·威尼康特（Donald Winnicott）认为，人类的第一个情感动作就是婴儿面对妈妈的微笑，回以自己的一个微笑。威尼康特称之为“社交性微笑”。在互联网上，当我们分享了视频或图片，不仅在共享这个事物，同时还分享了这个事物引起的情感反应。

谷歌认为，这种能量交换每天都会发生数以亿计。不管是发帖子、评论、点“赞”、转载还是“+1”，在新视觉文化中，我们都可以与彼此互赠小礼物或共享快乐瞬间。

在互联网上，用户的参与感也是一种创造力游戏。

法国小说家马塞尔·普鲁斯特（Marcel Proust）曾经写过这么一句话：“发现之旅不在于寻找新的风景，而是以全新的视角看待世界。”换句话说，人类并不一定会受到新鲜事物的诱惑，反而更喜欢以新方式看待熟悉的事物。

如何引爆用户参与感？

小米联合创始人黎万强总结了一个参与感“三三法则”——三个战略：做爆品、做粉丝、做自媒体；三个战术：开放参与节点、设计互动方式、扩散口碑事件。

我用一句话来总结其精髓，就是用病毒性的内容激发用户的参与热情。

我有一次跟乐视控股高级副总裁彭钢聊起爆点营销的话题，他曾经是个传统营销高手，在奥美待过。他的最大反思是“宁做新华社，不做广告代理”。传统营销的本质是做好广告代理，但在互联网上，公司必须成为新华社，需要不断地制造新闻，最怕成为一家不出声的新华社，与广告代理公司无异，需要持续砸钱买广告。

营销不是简单的传递信息或销售产品，而是做一场漂亮的表演，持续地仪式化，每个过程不断地加持和邀约，实现外在物质与用户内心的连接。营销就像讨好异性，需要不断地在仪式上邀约，为用户创造实实在在的好处。仪式感的本质是让用户围观，不断邀约让用户产生代入感。围观金水桥升旗是因为仪式感，从卫兵穿皮靴、走过金水桥、升旗，到升旗后站立，整体仪式感极强。

有一家互联网酒店，不靠高逼格的装修，就靠用户参与的社交病毒营销，就成为了全球第一大酒店品牌。这就是Airbnb，拥有客房数全球第一，2014年年底，就达到了100万间，而希尔顿、万豪、洲际等酒店的房间数都不到70万间。

如今，这家成立于2008年的公司，已经从纽约扩展到了全球190多个国家和地区。Airbnb甚至还打入了没有互联网、没有银行卡的古巴市场。要知道之前古巴和美国可是死对头。

Airbnb公司估值达到255亿美元，成为了仅次于小米、Uber的全球第三大创业公司。它的市值十分接近全球第一大酒店集团希尔顿277.3亿美元的市值，估计很快就能超越。

也有人说，Airbnb的成功不是因为效率，而是让你以它为荣。对Airbnb的用户而言，这不是一家公司，而是自己身处其中的一个社区。

Airbnb找到了一个核心族群——旅游发烧友。其实在Airbnb之前，已经有不少网站或者个人做过类似的事情。比如好几年前就流行于背包客间的“沙发客”（Couchsurfing），用户可以把自己客厅的沙发挂在上面短租给旅游发烧友。他们也在利用用户的社交能量，但声音很弱。为什么Airbnb不靠装修，不靠广告，利用社交病毒做成了一个大生意呢？

Airbnb有三个让用户参与的核心武器。

武器一：大数据。如今互联网企业都离不开大数据，Airbnb也是一样。通过大数据，Airbnb能够更精准地为用户服务。Airbnb会利用Facebook的数据来强调这个房东与你有几个共同好友。这个设计明显是要让用户感觉到他们认识这个房东，或者说双方是同一类人。这样他们就更倾向于租这个房间。这和中国人爱找熟人办事是一个道理，就是为了安心。

另外，大数据的应用还反映在Airbnb房屋的照片上。在Airbnb上，房客挑选自己钟意的房间基本是依靠房东上传的空间照片。所以照片对于Airbnb上的房主和租户来说都非常重要。早期Airbnb团队分析哪些房源特别受到欢迎、哪些又乏人问津时，发现关键差异就是房主提供的影像品质。

因此，Airbnb在全世界拥有3000多名合同制的专业摄影师，只要房主申请，Airbnb就会派一位摄影师免费拍摄房子的照片并放在网上。同时Airbnb也会提供室内设计师，指导房主改善空间装修的品质，以增加订房数。

据了解，Airbnb正在研发新的系统，来自动侦测房主的照片对于租客的吸引程度。那些更美、更有魅力的影像，将会放到搜寻结果的前面。

武器二：高逼格。现在出国旅游的人越来越多了。你在朋友圈里面晒一张埃菲尔铁塔的照片、自由女神的照片，或许已经不能够引发你朋友圈的热议了。你需要在朋友圈里面晒一些高逼格的东西来吸引朋友们的目光。

之前旅行，你可能会住在装修精美、费用昂贵的星级酒店，但是这些酒店的装修风格都一样，毫无生气。你把酒店的照片晒出去，别人顶多知道你是一个土豪。但是Airbnb不一样。从北京的四合院到上海的小洋房，从巴黎的独栋住宅到纽约的单身公寓，从巴厘岛的海边别墅到蒙古圆顶帐篷，偶尔还有树上小屋，你能够在Airbnb上找到许多新奇但又富有特色的住处。把这些有逼格的住处晒到网上，想必你的朋友们一定会纷纷点“赞”。

武器三：社交电商。酒店的本质是客户流量，就是得有大的客流。传统酒店都要依托一个庞大的订房网络，如中国最大的酒店预订平台是携程。Airbnb不依靠这个却成为全球最大的酒店集团，就在于Airbnb其实是社交电商，就是依靠用户的社交网络建立一个流量平台。

Airbnb不是传统的酒店，更像一个社区。住户还能够与房主建立更多联系。之前我在搜索纽约的房间时，就发现房主们的身份也是五花八门，有在哥伦比亚大学读研究生的，有模特，有画家，有导演。你能够从和他们的交往中收获到不一样的体验，接触到他们真实的生活，这也是为什么网上流传着那么多Airbnb房主和租客之间有趣的故事的原因。

可以说Airbnb让“住”这个在传统旅行中令人头疼的枯燥部分，变成了一个充满惊喜和传奇的部分。它甚至会成为你整段旅程最有意思的一段回忆。等你回国之后，和朋友们分享时，再也不用担心无话可说了。Airbnb的成功也正由无数个房客、房东和他们之间的故事组成。

传统酒店为了提升效率，很多服务都是标准化。而Airbnb则截然相反，它的杀手锏是个性化。我有一位上海的朋友，他是Airbnb的房主。有一次，一位外国的游客联系到他，说：“我看到你的Airbnb页面上说允许宠物，太好了，能不能订下来？因为，好多房主都不允许宠物。”

这是一个小故事，说的是Airbnb上对于房屋有着各种各样非常细致的描述，从而满足不同用户个性化的需求。比如，房主可以标注自己是否接受携带宠物，是否接受同性恋情侣入住，是否可以举办派对等。

这三个秘密武器让Airbnb与传统酒店更不一样，使得整个入住体验更加丰富和个性化。所以许多体验过Airbnb服务的旅行者就不再尝试传统的酒店，因为他们已经接受了这样一种旅行的方式。

法则三：事件营销

爆点营销的最高境界就是把一个营销做成事件。

2015年6月，神州专车通过微博发布了一组广告“Beat U”，就差直接说Uber是黑专车了。因为有明星的参与，这个营销活动迅速发酵，成为一个事件，引发了大众用户广泛的参与。

结果是，神州专车作为后来者，一夜之间追上了易到用车。看当时的百度指数，Uber是71426，滴滴打车是32911，神州专车是28474，易到用车是11085。

在营销大战中，那些成为事件的营销会覆盖没有成为事件的营销。

有一次，当当董事长李国庆跟我爆了一个料。2014年“双十一”时，当当花了500万元做社会化营销，在微博上推了一个营销活动“敢作敢当当”，阅读量超过2.5亿，但是百度指数几乎没有提高，当当的PV也没有大幅地提高。当时，公司内部分为两派：一个是支持派，认为这是在打品牌；另一个是反对派，说不能带来成交的社会化营销无效。其实，最核心的原因，是因为“双十一”是天猫的一个事件营销，它把其他电商的营销活动覆盖了。

苹果是做事件营销的高手，每年的苹果新产品发布都能成为年度事件，为什么？因为苹果有一整套引爆口碑的打法。美国著名科技博客9to5Mac深度爆料苹果公关团队的运作内幕，苹果式口碑有三个秘密武器。

第一，搞定发烧友。苹果的测试样机被视作科技产品与发布领域的圣杯，只有为数不多的几名经过精挑细选的人士才能够抢先试用，这些人对苹果整体都持积极态度。苹果前公关代表还记得，他的上司曾经要求他仔细查看测试样机的包装盒是否完美无瑕，上面绝不容许有任何的划痕或瑕疵。

第二，搞定媒体，免费上头条。苹果上头条的秘密武器有三个，一是让媒体竞争，在杂志占据主导的年代，乔布斯可以通过让《新闻周刊》（*Newsweek*）和《时代周刊》（*Time*）争夺独家消息的方式，让苹果产品登上其中一本杂志的封面；二是制造神秘感，“他们的战略就是什么都不说，他们会让所有人竞猜苹果的动向，获得免费的宣传效果，避免陷入其他企业遭遇的困境”；三是开一个超级有逼格的发布会。

第三，制造流行文化。鲜为人知的声势和口碑营销团队只有几名员工组织，他们负责将苹果的产品整合为一套流行文化。例如，该团队会与大型体育联盟合作将iPad变成教练工具，帮助音乐活动把iPad融入其中，并让活动的组织者为参与者部署整合苹果的应用。

如何像苹果、小米一样做事件营销？有三个行动方法。

借势营销

借势就是借力热点事件，借势有两种借法：一个是借自己的势，另一个是借别人的势。

比如，京东创始人刘强东跟奶茶妹妹的话题经常上头条。这些新闻刘强东是绝对不会放过的，随即京东就开了一个智能奶茶馆。这就是借自己的势。

借势，大多时候说的是借别人的势，这也是互联网营销的必修课。杜蕾斯有句经典的借势营销：“薄，迟早是要出事的。”

小米很擅长借势。小米推出红米手机时，就联合QQ空间做了10万台的首发式，竟然吸引了745万人参与，小米手机QQ空间的粉丝涨了1000万人。

其实，借势营销的高手是明星范冰冰。范冰冰不是明星里最会演戏的，却是明星里最能上头条的。

上头条是所有明星和公司的必修课，但范冰冰有一招更狠，那就是擅长制造头条标题。范冰冰真是个标题党。范冰冰很敢说，尺度大，又有分寸。甚至不少记者认为，范冰冰说的很多话，句句都可以拿出来做标题。因此，她也被大家称为“范爷”。

2009年，为电影《麦田》宣传时，范冰冰一句“将陈冠希和吴彦祖作为性幻想对象”成为各大网站的头条，当时正逢陈冠希“艳照门”事件，范冰冰借此成为了娱乐头条。

我们开始随处可见范爷语录：我的龙袍你未必敢穿；我不嫁豪门，我就是豪门；万箭穿心，习惯就好；我能挨得住多深的诋毁，就能经得住多大的赞美……

范冰冰还艳压过众多女明星，包括：巩俐、周迅、赵薇、李冰冰、张曼玉、姚晨、张静初、黄奕、霍思燕、舒淇、王菲、汤唯、张雨绮、杨紫琼……不光是华语女星，洋妞们也不能幸免。在釜山电影节上，范冰冰“力压”安妮·海瑟薇、莫妮卡·贝鲁奇、宋慧乔、帕丽斯·希尔顿……

头条女王范冰冰最厉害的是擅长借势，特别是借男人的势。我粗略统计了一下，仅媒体曝光过的范冰冰绯闻男友，就有16个之多。

第一类男人就是大家喜闻乐见的大哥、大佬、大老板，这其中洪金宝、王中磊都是榜上有名但查无实据。

2008年于冬的博纳和杨受成的英皇以及成龙共同成立博纳英龙演艺经纪有限公司，并且注资范冰冰工作室。与此同时，范冰冰第一次登上主流时尚杂志封面，就是和成龙一起拍摄《时尚芭莎》情人节专刊封面。

2010年，结束与博纳英龙的合约，一度传出史玉柱欲注资范冰冰工作室的消息。

2011年，范冰冰工作室与恒大集团之间形成了谨慎的“战略合作”关系——共同成立“影视部”，其中核心成员在恒大集团任职，共享资源，独立结算。此后恒大楼盘开业，成为范冰冰商业活动的一块重要内容。《武媚娘传奇》也有恒大参与投资。

第二类绯闻男友则是所谓假戏真做。比如一起拍过《少年包青天2》的陆毅、任泉，合作《尘埃落定》的李解，合作《小鱼儿与花无缺》的张卫健。

比较有意思的是王学圻。一个是二十多的女明星，一个是六十多岁的老戏骨，把他们两个想到一块，这创意也真叫人拍案称奇。而且他们俩的绯闻最夸张，一度传到同居、结婚。王学圻签约在范冰冰工作室，两人一起拍了《麦田》，传出了绯闻。

随着范爷形象深入人心，范冰冰绯闻男友的构成也发生了微妙变化。

2012年，长江商学院因王石离婚事件而成为焦点，有媒体爆料称范冰冰有意入读该院的EMBA课程，并称原已入读的企业家纷纷主动要求留级，以便和她同班。对此，范冰冰很快做出反应，称没有就读商学院的计划，但在考虑出国学习艺术相关课程。范冰冰清楚自己的位置，不是二三线小明星，不能随便蹚浑水。

《武媚娘传奇》热播，范爷便如火如荼地传起了和剧中将军扮演者李晨、剧中李治扮演者李治廷的绯闻。特别是李晨，两人后来恋爱，甚至传出结婚的大新闻，不断爆料，不断上头条。

人们开始越来越多地戏称范爷的绯闻男友为“小狼狗”“小嫩草”，质疑男明星贴着范爷炒作。范冰冰与绯闻男友们的关系，随着范爷定位的变化、地位的上升，陡然逆转。

女明星借男人的势，很容易出名，但也很容易造成负面影响。负面炒作的知名度没有商业价值，人们虽然会猎奇围观，但很快就会心生厌弃。品牌也会顾及自身形象，不敢请这种明星代言。

但是，征服男人、艳压女人的范冰冰俨然上演了一出逆袭励志大戏，也成为女人争相效仿的对象。据淘宝官方数据统计，2012年10月至2013年9月一年的时间里，范冰冰同款以近5亿成交量当选“全年带动最多网购消费影响力”女星。

范冰冰自己更是在2013年和2014年，分别以1.1亿元和1.22亿元的年收入，连续两年力压劳模刘德华和天王周杰伦，蝉联福布斯中国名人榜首位。

明星元素

明星元素就是放大营销中的明星人物、明星公司、明星话题。

例如褚橙，产品很尖叫，24：1黄金甜酸比。更强悍的是，他们在事件上的营销。

2012年，褚橙进京。一篇关于褚时健75岁再创业的文章24小时内被转发了7000多条，王石对这篇文章的评价又诱发了4000多次转发。褚橙在11月5日一发售，仅仅5分钟就被抢购了800多箱。

褚时健本身是一个明星元素，也引爆了很多明星。比如，褚橙会送给韩寒一个橙子，而且专门印上“复杂世界里，一个就够了”。很惊艳，几乎让你不得不转。

光靠明星是远远不够的，要把它变成明星病毒。

看一个案例《奔跑吧兄弟》。真人秀节目这么多，它是最奇葩的一个，是最能霸占社交头条的。

看看数据。第一季首期节目播出时，《奔跑吧兄弟》微博话题阅读量仅为3.3亿，五期之后该数字已蹿升至28.5亿，每期新增阅读量超6亿。第二季《奔跑吧兄弟》收视率始终维持在4.3%以上，第二季全期网络点播总量为45亿。百度指数“奔跑吧兄弟”单日搜索量最高值达到274万，是第一季的两倍，微博主话题《奔跑吧兄弟》阅读数突破185亿。

明星自有眼球光环，但光靠明星还不够。《奔跑吧兄弟》在明星营销方面确实有自己的一套，我觉得他们做得最好的就是放大明星最病毒性的一面。单说跑男团，邓超在没进跑男的时候有“逗比”的形象吗？李晨和陈赫在没进跑男的时候有“晨妈妈”和“赫宝宝”的标签吗？李晨在没进跑男的时候有“大黑牛”的称号吗？郑恺有“小猎豹”的称号吗？都没有，这就是节目的成果。

从节目中放大明星的特点，将个性标签病毒化，并进行最大程度曝光，再将节目和明星挂钩营销实现共赢。

拿邓超来说，邓超的英语不好，在节目中语出惊人，硬是将“family”说成了“伐木累”。节目播出后，邓超不以为耻，反以为荣，一再强调自己是学霸。社交媒体迅速推出讽刺互动，譬如“快别闹了”“别说自己当过英语课代表，老师都哭了”“这是段子吗？好好笑”，以此建立邓超“逗比”性格。这之后，邓超在节目中不断调侃自己的学霸属性，甚至故意将学霸的“霸”字写错送给网友。节目组正是用这样的技巧形成宣传互动系统，将明星定位融合在节目中，不断形成社交热点，推动节目品牌建立。

再从嘉宾上说，每期节目都会邀请不同的明星嘉宾，从范冰冰到白百何、从井柏然到钟汉良、从黄晓明到霍思燕，庞大的明星网背后是更加巨大的粉丝群。直白地讲，总有一个明星适合你。一旦你的偶像参加节目，你就忍不住被节目吸引。至于明星走了还看不看，只要内容好，不担心一期节目就让你上瘾。所以说，节目是在滚雪球地做节目，粉丝不多才奇怪呢！

除了每期邀请不同的嘉宾形成特别宣传亮点，《奔跑吧兄弟》还单独设置不同的主题加大宣传炮火。譬如，白蛇传说、大上海穿越、西域通商、圣斗士，在形成噱头之外，唤起观众的集体记忆。这里的宣传逻辑也浅显易懂，看过《圣斗士星矢》的，想看真人模仿的看过来；看过《新白娘子传奇》的，想看另类演绎的看过来；看过《上海滩》的，想看搞笑变身的看过来。总而言之，只要能勾起兴趣，《奔跑吧兄弟》从不介意用老梗来唤起群体的情感和记忆。

至于节目中出现的本土化游戏，如“老鹰捉小鸡”“打地鼠”，本土景点，如敦煌、乌镇、重庆火锅城、武汉楚汉街，也是同样的道理。

要想像《奔跑吧兄弟》一样上社交头条，还有一个秘密武器，就是社交货币。沃顿商学院市场营销教授乔纳·博格（Jonah Berger）和凯瑟琳·米克曼（Katherine Milkman）发现：“自我分享的特质贯穿于我们的生活中，这些共享我们的思想、观点和经验的意愿成为社交媒体和社交网络能够流行的基础。”

社交货币就是通过分享、谈论像《奔跑吧兄弟》这样的话题，传播能够凸显自我独特性的信息。说得直接点，就是刷存在感。

《奔跑吧兄弟》用三种方式完成社交货币的铸造，非常值得创业者借鉴。

方式一：正能量社交货币。要说在综艺节目中，哪个将正能量结合得这么好，非《奔跑吧兄弟》莫属。单看节目，明星要参加节目，就得放下偶像包袱，激烈拼抢，长时间奔跑，成员之间要不放弃，不抛弃，讲技巧，讲策略，这种团结、奋进、拼搏的“奔跑精神”本身就是行动正能量。再加上《奔跑吧兄弟》坚持将节目理念与社会行动结合在一起，就让“正能量”的风格更加突出。

方法二：争议社交货币。虽然《奔跑吧兄弟》社交营销做得好，但它好像也从没离开过争议。殊不知，这才是社交传播的精髓。有争议性的话题，曝光量才能呈几何级数增长。比方说，节目一开始，微博江湖上流传的是“抄袭韩国节目好不好”的争议。中国网民一向有“哈韩”和“倒韩”两种对立的立场，因此这个话题迅速被热炒，节目未开播就引起了巨大关注。节目开始网友吐槽得越多，节目火爆时的反弹也就越大。

方法三：热点社交货币。《奔跑吧兄弟》选择以热点作为内容的爆发点，不断将信息推送到观众关注中心。像蓝翔挖掘机火的时候，《奔跑吧兄弟》推出了各个明星操作挖掘机的图片，不仅提供给对应的明星发布，并且在《奔跑吧兄弟》官方微博上力推。

据说，《奔跑吧兄弟》有一个强有力的营销团队，其中有一支数十人规模的顶尖“段子手军团”。这批几乎都是90后的段子手，他们不仅是极为优秀的内容生产者，同时也是拥有百万级粉丝的渠道。正是这群平均年龄还不到25岁的90后段子手，以一种四两拨千斤的创意互动传播模式掌控着新媒体SNS几个大平台上的热门话题风向。

造病毒

病毒营销是营销皇冠上的明珠，尤其是在互联网上。但是，想创造成功病毒营销就要以流行病学做参考。

一是创意。就是病原体的制造，你应该花最多的资源与时间在这里，因为它至少影响了50%以上成功与否的结果。

雕爷有一次跟我讲他的品牌心经，就是一句话：宁当榴莲，不做香蕉。榴莲就是爱的人爱死，恨的人恨死；香蕉是既不讨人喜欢也不讨人厌，但没有任何特点可言。

二是支点。指的是第一拨受感染者，你应该花第二多的资源在此。

无秘是一个App，在一天之内引爆整个移动互联网，高峰期时一天增长几十万用户。它第一个引爆的是互联网圈，因为互联网人士爱爆料。第二个是同性恋圈，活跃度远超互联网圈几个等级。第三个是媒体圈。第四个是BAT，因为用户突然发现无秘上清一色阿里巴巴、百度、腾讯的爆料和八卦。第五个是校园，在北大、清华等高校不断引爆。

三是杠杆。就是扩音器、放大器，如微博、微信等。用户的口碑比央视都管用，最直接的口碑效应就是发朋友圈。

科宝博洛尼董事长是微创新学员，他拥抱互联网的一个最直接动作就是：一切营销导向围绕朋友圈展开。为此，科宝博洛尼把占营业额10%的广告费拿出来，奖励用户。只要用户发朋友圈，你装修费60000块钱，我就再给你6000块钱的奖金。

看一个病毒营销的例子：Uber如何靠三个人就能引爆一个城市。Uber是一家很有钱的公司，估值超过500亿美元，但目前在各大城市的运营原则是坚决不花钱做广告，因为他们相信钱买不来真爱。Uber不仅是不花钱，而且是不花钱做高逼格的营销。佟大为开Uber、一键叫直升机、Uber舞狮、Uber圣诞节送酒等推广，都是资源互换，联合运营，没有花一分钱广告费。

这太难了，Uber的病毒营销是怎么做到的，有秘密武器。

第一个秘密武器：先引爆1%的意见领袖人群。Uber超级精简，在很多扩张的城市，Uber团队都只要三个人。其中，一人负责营销，一人负责招募司机，还有一个总经理负责应付政府以及竞争对手和向Uber的全球扩张负责人汇报。

除了美国的大本营，Uber在世界各国都没有设总部，包括没有中国“总部”。与其将每个城市的Uber公司看作分部，倒不如将其看作一个创新公司。这个公司强调去中心化、本地化，行动敏捷，策略灵活。就拿“一键呼叫CEO”来说，这个活动是一名员工提出的方案，讨论决定后直接执行。全活动主要由一个人负责，其他员工从熟人、朋友关系中联系到公司高管，整个准备和实施过程不超过一个月。

三个人如何引爆一个城市呢？Uber的打法是擒贼先擒王，它把重点放在用户金字塔1%的人群。先搞定1%的意见领袖，然后影响老板，以及他们的公司总监、白领，继而带动9%的用户，加起来10%。这是用户群中的核心，从上到下进行辐射，从而影响更多的90%。

第二个秘密武器：打官司。没错，Uber很爱打官司。这甚至是Uber不花钱做营销的关键。这一点，源于Uber创始人克拉尼克（Travis Kalanick），天生破坏王。

23岁时，克拉尼克遇到了一个大麻烦：30多家媒体巨头联合起诉他的公司，要他赔偿2500亿美元。因为他搞了一个P2P下载的公司，大学生用它下载盗版视频和音乐。公司很顺理成章地破产了。

后来，克拉尼克发现很多城市都有打车难的问题，他认为这完全是行业垄断造成的。2010年他与两位友人在美国旧金山推出服务，让高级出租车在空闲时间提供出租车服务。四个月后，公司就收到了政府勒令停止营业的公文。禁令是这么写的：“你们没出租车运营资质，怎么能叫Uber Cab呢？”

一般人收到这样的禁令，不说立马停止营业，最起码也不敢狂妄了。可是你能想象卡拉尼克这个猛人说什么吗？他哈哈大笑，见人就说：“他们要封杀我们，这个项目成了。”他根本不管禁令，生意照做，客人照拉。对于名字的指责，则简单粗暴将“Uber Cab”改成“Uber”了事。他还号召网友签署请愿书，发动以电子邮件的形式向市长信箱反馈，最后禁令不了了之。

打官司这样的情形不断在各地上演，丹佛、芝加哥、华盛顿，Uber在每处都以这样的战斗扩张。在伦敦和巴黎，愤怒的出租车司机举行了大规模的罢工，抗议Uber抢了他们生意。而克拉尼克的对策是立刻宣布当地Uber打车免费。结果打不到车的居民只好纷纷下载Uber打车软件，罢工居然变成了Uber的免费推广。

在中国，Uber也遇到不少麻烦，但是对Uber来说，这实在算不上是灭顶之灾。Uber投资人这么评价克拉尼克：“克拉尼克只是要战斗，而不是要打赢。”

最后，这种战斗过程变成了Uber一个免费上头条的机会。

第三个秘密武器：一键叫车。用过的人都知道Uber最大的特点就是一键叫车。只要你进入Uber的界面，就可以选择车型。这个界面会自动出现你的位置，显示离你最近的8辆空车。只要你点击“确定”按钮，在5分钟内车就会来到。

但是，Uber把这个一键叫车做成了各种脑洞大开的游戏，如“一键呼叫CEO”“一键呼叫飞机”“一键呼叫宠物”“一键呼叫冰淇淋”。

“一键呼叫CEO”，就是16个企业高管乘坐轿车围绕清华转，学生可以通过Uber应用叫车，和高管在车上进行15分钟的面试。对高校人才来说最难得的是什么？机会啊，可以说Uber这一下就抓住年轻人的命脉，俘获了大批量有前途的粉丝。

“一键呼叫直升机”吸引来了赵又廷，“一键呼叫佟大为”让“猫爸”为你当司机。当然，如果只是名人，有人会说：“切，不就是花钱请明星嘛。”

可是，Uber还推出了更加玄幻的一键服务。比如，“一键呼叫摇橹船”，可以为登船游湖下单；“一键呼叫舞狮队”可以随时带来舞狮表演；“一键呼叫冰淇淋”可以召唤最近的冰淇淋车。一句话，Uber担当的是机器猫的角色，只要一个指令，就能召唤神兽。

Uber这种脑洞大开的营销玩法，值得所有创业公司深度学习。

爆点营销的背后，我认为有一个核心武器：众包。众包就是指一个公司把过去由员工执行的工作任务，以自由自愿的形式外包给大众用户网络的做法。

过去，说起众包，一直是雷声大雨点小。但现在，Uber成功引爆众包力量。说得直接点，Uber把过去很多私家车司机发展成为专车司机。

从这里你看出了什么？这就是众包，Uber模式利好对象绝不仅仅是用户，它使更多的劳动力——有时间的私家车主进入了市场，并获得了灵活的劳动时间。

你能引爆这种来自用户的革命性能量吗？

爆品研发“金三角法则”：关于爆点法则

◎ 不是大众传播为王，不是分众传播为王；而是精准为王，粉丝社群是最大的精准。

◎ 找到用户痛点是油门，找到产品尖叫点是发动机，引爆用户口碑是放大器。

◎ 能够深刻洞察一个核心族群，针对一个核心族群开发产品，甚至是一种核心竞争力。

案例：电视剧爆品高手于正，最擅长的一招就是搞定90后女生。

◎ 参与感就是用病毒性的内容激发用户的参与热情。

案例：乐视的爆品营销法则是，宁做新华社，不做广告代理。

◎ 庞大的互联网信息体系，大部分是由用户参与制造的。

案例：Airbnb不靠高逼格的装修，靠用户参与的社交病毒营销就成为“全球第一大酒店”。

◎ 上社交头条，还有一个秘密武器，就是社交货币。

案例：范冰冰不是明星里最能演戏的，却是明星里最能上头条的。《奔跑吧兄弟》刷屏背后，是他们擅长使用正能量社交货币。

◎ 爆点营销的最高境界就是把一个营销做成事件。

案例：苹果有一整套引爆口碑的打法，首先就是搞定一个小众人群：发烧友。

◎ 用户的口碑比央视报道都管用，最直接的口碑效应就是发朋友圈。

案例：Uber靠三个人就能引爆一个城市，先引爆1%的意见领袖人群，再用事件营销放大。

扫描二维码
进入金错刀爆品战略课堂

小米手机第一年
从0到10亿美元做对了什么

雷军的2011年

雷军是2010年4月创立小米的。但我认为2011年是雷军最关键、最生死攸关的一年。这一年，小米推出第一代手机，内部代号为“米格机”。

一帮互联网人第一次做手机，遇到最大的质疑是：不可能。所有人都认为这件事不可能成功，包括富士康董事长郭台铭。

2011年8月19日，在北京车库咖啡的一个论坛上，面对网友“国产山寨货”的质疑，雷军掏出手机，当众示范了摔手机。另外两位小米联合创始人黎万强、周光平坐在旁边，真是心惊肉跳。“前两次摔手机，一次是在小米发布会的台子上，当时铺了地毯；另外一次是雷军坐着演示的。但这回，车库咖啡可是实打实的大理石地，雷总个头又高，站着摔的，质量再好的手机也悬呀！”

命悬一线，是当时业界对小米的主流看法，也是小米几大创始人头上悬的一把看不见的剑。特别在2011年8~10月份，可能是雷军人生最煎熬的时刻。他说，“小米是我不能输的一件事，”他也会给自己施加压力，“输了这辈子就踏实了”。自从2011年

8月16日雷军发布第一代小米手机后，雷军和小米遇到了巨浪般的吐槽和骂声。第一个10万台“米格机”的成败也决定着一个公司的生死，最狠的质疑是“山寨化”。雷军的解释动作就是摔手机，在所有的公众场合表演。从1.6米高度落下，砸在地上，电池飞出……众人惊呼之后，手机仍然正常开机，没有任何问题。

小米手机1最后卖出了719万台。

转折点是2013年4月9日“米粉节”，雷军首次宣布小米营收：2012年，小米销售手机719万台，实现营收126.5亿元，纳税19亿元。真金白银的数字引发了广泛的震撼，也有投资人说，这三年，唯一看错的公司就是小米。

2013年年底，小米刷新了记录：小米公司2013年共销售手机1870万台，含税销售额达316亿元。2014年，小米收入达到743亿元。

这些数字只是把雷军2011年关于小米模式的所有想象都落在了实地，雷军做小米有三把刀，在2011年基本成形。

产品上动刀——爆品战略。爆品战略说得简单点，就是单品绝杀，靠一款产品打穿市场，甚至成为第一。其实传统企业也有做爆品成功的，但比较少，如加多宝就靠一个红罐凉茶做到几百亿。

互联网公司则是必须拼爆品，如腾讯就擅长做爆品。但是，小米式爆品有什么特殊的？

▲ 传统工业时代，手机业的本质是机海战术；
互联网时代，小米靠单品绝杀

我觉得还是跟创始人性格有关。我用一个词“All In”来描述。“All In”是德州扑克中的一个用语，就是全下，就是孤注一掷。

我曾经跟梁宁聊过这个话题，她拿过雷军的投资后来卖身腾讯。她说，你知道腾讯的爆品是怎么打造出来的吗？是靠花钱如流水，她说到腾讯才知道什么叫花钱如流水。有一次，她让设计公司修一张图，修改一个很小的细节，她签字签到20次手已经软了，但在腾讯最后修了200次。

她把这个故事讲给雷军，雷军说：“我们差不多也是这么花钱如流水。”雷军最大的一次浪费，是把第一代总共40万台的红米手机扔掉了。当时手机已经下了订单，但是没有达到标准，因此全部扔掉了。小米会准备几套方案，最终上市的只有一套。“这当然会带来巨额的浪费，但这个浪费是必要的。”

周鸿祎也是个产品创新高手，但是，第一次做特供机却是失败。他总结最大的败因：不够“All In”。周鸿祎甚至说找雷军聊过此事。雷军说：“你要是想做手机，就先想想你能不能全力以赴，能不能来领军。你要是能亲自带队，咱们可能还有得一打。你总不能弄个部门、弄个总监就觉得能跟我打吧。你公司虽然人多，但你在手机上能放多少人？100人？500人？我有几千人在做这件事情。”

雷军做爆品的一个最大杀招就是：性能高一倍，价格砍一半。这种价值链的动刀是真刀实枪的。为了砍价格，雷军砍掉了一切渠道环节，直接面对用户。这部分，可以砍掉30%的成本。为了砍价格，雷军甚至砍掉了营销成本，通过互联网的方式卖手机，不靠线下渠道。这部分，又砍掉了10%。

那小米靠什么赚钱？“羊毛出在猪身上。”“羊毛出在猪身上”一度刷爆朋友圈，但我没有看到哪个传统企业做到了，因为这一模式的本质是爆品战略。

小米的“猪”到底在哪？答案是：增值和服务、卖软件、粉丝经济。

小米最近两年最大的动作就是生态链投资，用小米模式复制100家生态链企业，背后的关键就是复制小米式爆品模式。

价值链动刀——5%。小米为什么如此颠覆？就是因为小米是真刀实枪地在价值链上动刀。

什么叫价值链？就是用户能够以某个价格拿到手，并感知到的价值。我总结过一个公式：产品=制造+感知。

什么叫在价值链上动刀？就是要在价值链上做创新，把过去一些很低效率的高成本砍下来。小米的价值链逻辑就是小米的内部红线：5%的运营成本，就是总运营成本占总销售的比例不能超过5%。所以，雷军才会说小米可以做到接近成本定价。

举个例子。顺为投资的爱空间，虽然还不算小米生态链企业，但是也是采取小米的模式打爆传统家装行业。它背后的秘密武器也是把运营成本降到5%，接近成本定价。

雷军第一次见到爱空间创始人陈炜，拷问其产品时，除了拷问价格，就是拷问了一句话："工期最短能做到几天？"陈炜想了半天，最后狠心说20天。雷军说，OK，多一天自罚1万元。

爱空间的家装产品就打两个点：699元/平方米，从毛坯到精装只要20天。有行业人士看了爱空间的产品，还是倒吸了一口凉气。这样的生意，只有做到年收入10亿元才能达到盈亏平衡点。

价值链动刀这么狠，利润空间这么低，如何赚钱呢？答案是靠标准化，靠高的供应链效率，靠高的运营效率。总结下来，就是靠爆品。

流量上动刀——粉丝+品牌电商。传统企业很难在价值链上动刀，很难做到爆品战略，为什么？因为一个非常残酷而又现实的问题：流量。在互联网上更残酷，面对的是"流量黑暗森林"。

传统企业的流量入口基本依赖于渠道和经销商网络，动刀太大容易把自己搞死，不动刀又不行，左右为难。所以，科宝博洛尼创始人蔡明跟我说：穿鞋的看着这些光脚的，毫无还手之力。

小米砍掉线下渠道，如何解决流量问题？答案就是粉丝+品牌电商。雷军在给员工发的一封内部信中，说过这样几句话：面对恶劣的市场环境，我们应该保持初心。第一，永远坚持做高品质、高性价比的产品；第二，相信用户，依赖用户，永远和用户做朋友！只要坚持这两条，小米的梦想就能实现。

雷军的关键词就是：产品+粉丝。

粉丝为什么这么重要，是因为他们是小米式流量的动力源，铁杆用户和发烧友的口碑至关重要。而小米网这种品牌电商模式，则承担小米式流量的放大器。毫无疑问，这是一种优质、高效，更可持续的流量获得方式。我甚至认为，“粉丝+品牌电商”是中国品牌未来最趋势性的升级方向。

看看凡客，绝地重生的秘密武器就是学小米模式的本质，也是这三把刀。

第一，在价值链上动刀，衬衫、T恤的零售价接近成本定价。

第二，在产品上动刀，推单款爆品战略。

第三，重新聚拢粉丝，重新打造基于自我品牌的电商模式。

凡客的营销效果很不错，因为这是先进生产力，是更高维度的打法。

小米手机在从0到10亿美元的第一年到底做对了什么？什么是小米式爆品的幕后真相?

找痛点：铁杆粉丝模式

小米如何找痛点？在小米内部，常说的一个词是“一剑封喉”，那如何找到“一剑封喉”的痛点呢？

互联网公司的游戏规则是“得产品经理得天下”，雷军把这种产品经理方法引入手机领域，产生了摧枯拉朽的力量。事实上，小米刚开始做手机时，从HTC G3手机上得到了很大的启发。但是，雷军用产品经理思维去看，G3还是太工程师思维，做东西不够细。这种产品经理思维也是小米早期最大的底气之一。

雷军是小米最大的产品经理。他带领小米的风格就是：在一线紧盯产品。如果确定一个需求点是用户痛点，就死磕下去，不断进行微创新。在内部，雷军的产品方法论就一句话——要把用户当朋友，不要当上帝。雷军要求所有员工，在朋友使用小米手机过程中遇到任何问题，无论硬件还是软件，无论是使用方法或技巧的问题，还是产品本身出现了bug，都要以解决问题的思路去帮助朋友。

有一次，雷军被朋友问到一个问题：如何给手机屏幕截屏存成图片？MIUI有专门的快捷功能键来实现这一功能，雷军就告诉他这个快捷键。但是这个问题被问过几次之后，雷军找来MIUI的产品经理说："很多用户需要这个功能，但是我们的快捷键功能很多用户不知道怎么用。有没有更简单的方法让用户不用我们教，也能方便地截屏？"雷军就直接和MIUI的产品经理一起讨论，在白板上画产品设计原型，最终设计出了在MIUI通知栏下拉菜单的开关上加入一键截屏的功能，非常方便。

雷军在接受记者采访时发现一个痛点，很多记者用智能手机录音会遇到电话打断、录音时间太长容易中断等问题。因此在MIUI V5的研发中，雷军以自己大量接受采访以及和记者们交流来的经验，做了MIUI录音机的产品经理，设计了MIUI V5的录音机产品，很受好评。

雷军发现许多用户需要漂亮的壁纸，在小米论坛和MIUI论坛上，用户对于手机壁纸资源的讨论和交流非常多。于是从小米手机1开始，雷军一有时间就和设计部门的设计师一起讨论壁纸，挑选壁纸。光他自己就看过了近万张壁纸，他还发动公司内的所有同事推荐漂亮的壁纸，还决定出资100万元征集手机壁纸。

雷军是这么寻找小米手机1的痛点的。"我们一开始的思路就是把未来的智能手机当电脑来做。第一，我们的手机可以装不同的操作系统，然后我们的系统能刷在其他手机上，这不就是PC工业已经很清晰的软硬件分离，所以我们第一件事情是一上来就做了软硬件分离。第二，就电脑硬件制造而言，我们认为够用、适用是远远不够的，性能远远不够用。在其他高端手机只有512MB内存的时候，我们率先就开发1GB内存；在其他手机升级到1GB内存的时候，我们就开发2GB内存。两年前的512MB手机今天已经用不了了，太慢，这就是电脑业的游戏规则。”

小米找痛点的杀招就是让铁杆粉丝深度参与，前期是找到100个铁杆粉丝。黎万强是雷军的金山旧部，曾是金山词霸总经理，他到小米后的第一个任务是负责MIUI的研发。雷军说：“阿黎，能不能不花钱把MIUI论坛的用户做到100万人？”被逼上梁山，黎万强只能选择过去在金山被证明最有效、最不花钱的手段：通过论坛做口碑。在MIUI早期，黎万强团队泡各种论坛，找资深用户，几个人注册了上百个账户，天天在一些知名的安卓论坛里灌水发广告，被封号后换个号继续灌。好不容易拉来了1000人，从中选出100个作为超级用户，参与MIUI的设计、研发、反馈等。这100人也是MIUI操作系统的点火者，是小米粉丝文化的源头，也是其用户体验的特别方法论。纯靠口碑，第二个星期达到200人，第三个星期达到400人，第五个星期达到800人，就这样一点点成长了起来。最近，MIUI论坛的用户数是1700万人。后来，在2013年4月9日的小米“米粉节”上，小米特别发布了一部专门为感谢那100个铁杆粉丝的微电影，名字就叫作《100个梦想的赞助商》，把他们的名字一一投影到了大屏幕上，对他们表达了感谢。那一刻，他们中的很多人泪流满面。

在“0预算”的前提下，黎万强首先建立了小米手机论坛。2011年中期，借鉴MIUI论坛，手机论坛迅速建立了起来。在小米论坛上，有几个核心的技术板块，如资源下载、新手入门、小米学院，后来也增加了生活方式的板块，如酷玩帮、随手拍、爆米花等。

在产品上，粉丝不仅是参与者，也是裁判。黎万强在负责MIUI的早期，甚至在内部确定了一个目标：能否组建一支10万人的外围产品经理和开发团队。现在，这个目标已经实现。

黎万强在MIUI早期确定了两个机制：一是以论坛为核心的互联网开发模式；二是在易用性和个性化上重点发力。这成为小米后来激发粉丝力量的关键。小米的产品经理设计了不少工具，让粉丝参与用户体验的评测和优化。比如，小米有个每周固定升级迭代的机制，每周二会开放粉丝参与填写四格体验报告，由用户选出本周更新程序中最喜欢的和最不喜欢的。小米内部每周会据此颁一个“爆米花奖”奖励得奖者，会给他拍一张照挂在办公室，然后送一些小礼品，也是对粉丝投票的激励。

还有一个让用户尖叫的产品点是MIUI。MIUI在安卓阵营奠定地位靠的是两个经典版本：一是MIUI2.3，在早期安卓操作系统界面很差劲的时候，小米的设计团队做了大量工作改进，对安卓系统做了相应的修改、优化、美化等，符合国人使用。

另一个版本是V5，从5个主要的核心应用，18个小工具，8个主要的生态系统，包括浏览器、应用商店、主题商店、在线音乐、在线视频、读书等，进行了用户体验的全面优化。

但对用户而言，他们的尖叫点更多来自视觉化元素，如个性主题、百变锁屏和自由桌面。MIUI的下一个尖叫点瞄向了NFC（Near Field Communication, 近距离无线通信技术）。小米发现的一个痛点是用户随身带太多的卡，能否通过手机把钱包里的这些卡整合。

MIUI负责人洪锋认为："尖叫很重要，但是一年让你尖叫一两次就够了，长久以来让你会心微笑更主要。说得俗一些，因为MIUI产品是和手机联系在一起的，没有自己独特的生存压力。我经常跟产品经理打个比喻：你做的是一个大奶产品，你的心态应该更多平和一些，要让用户用得舒服。你的心态就是博妃子一笑的心态，而不是去炫耀。"

有人说，MIUI已经变成了移动互联网的另一个入口。

为了让工程师拥有产品经理思维，小米采取了反常规的办法。和许多公司禁止开发人员上网聊天不同，小米公司从一开始就鼓励，甚至要求所有工程师通过论坛、微博和QQ等渠道与用户直接取得联系。当一项新开发的功能发布后，让工程师直面每一段代码成果在用户面前的反馈。小米甚至要求工程师参加和粉丝聚会的线下活动。

小米联合创始人洪锋说："这样的活动让工程师知道他做的东西在服务谁，他感受到了用户不仅仅是一个数字、一张张脸，而是一个实实在在的人物。甚至有女用户、女粉丝非常热情地拉他们过去签名、合影。这样，这些宅男工程师才会觉得他写程序不是为了小米公司，而是为了他的粉丝，这种价值实现是很重要的。"

雷军有一句话才是小米背后的秘密。他说："小米销售的是参与感。"

这种参与感首先来自雷军自身的经历，他曾经作为发烧级用户给诺基亚提过很多建议，而且直接提给当时诺基亚负责研发的全球副总裁。对方说他提的建议很有道理，但最后还是改不了。这让雷军很愤怒："我跟他提了很多条意见，他都说有道理，他们最后改了吗？改不了。当你喜欢一个什么东西的时候你其实没有经济目的了，你就是觉得这个东西不好，如果能改一下会更好。

"所以，小米的出发点很简单，我们有一个极其清晰的定位，就是聚集这么多人的智慧做大家能够参与的一款手机。你天天用手机你有一堆的想法，你有一堆的抱怨，能改呢？除了小米之外能改吗？你抱怨三星有人听吗？你注意啊，我们在网上发动过百万人参与，当你真的参与完了以后，你提的这个建议被我们采纳了，这个功能我设计的，你看我多牛，你会跟朋友说你说改用小米吧，这种荣誉感是他们推销小米很重要的动力。”

换句话说，有上百万的粉丝免费给你做产品经理、做用户体验评测员，这是一股多么强悍的力量。就如互联网革命最牛的思考者克莱·舍基（Clay Shirky）在《认知盈余：自由时间的力量》（*Cognitive Surplus: Creativity and Generosity in a Connected Age*）一书中所说，所谓“领先用户创新”，并不是由产品的设计者，而是由该产品最活跃的使用者来推动的。

最尖叫武器：跑分

2010年，雷军开始准备做手机，他经常会找手机供应链的资深人士聊天。雷军通常会问两个问题。

第一，我做一个顶级的手机，价格卖到2000元以下行不行？

要知道，当时市场的智能手机基本上都在3000元以上，顶配的手机要在4000元以上。因此，所有人的回答都是不可能。

第二，如何提升手机的性能？

要知道，雷军有很强的品牌效应，很容易就找到那些能够代表高性能的代工企业——给苹果做代工的公司。但是，十几家公司全都拒绝了。

雷军当时为什么要做手机，就是发现了手机是一个大风口。

每年中国就有4亿部的换机需求量，而且当时的很多智能手机都是伪智能机。雷军也发现了用户的一级痛点：性价比。

一开始，雷军就说要做互联网手机。但什么是互联网手机，谁也不知道。雷军找了一个很直接的单点切入口：把手机当电脑做。诺基亚是怎么输掉智能手机战争的？苹果iPhone跟传统的手机本质上最大的差别是，iPhone实际上是电脑。“我们做了30年的PC，PC最后胜出的招数只有两条：高性能、高性价比。”

小米手机1为了打造爆品，下的最大功夫就是高配低价、国内首家双核1.5GB手机、4英寸屏幕、待机时间450小时、800万像素镜头。当时这类智能手机的价位基本都是三四千元左右，多低的定价会更能制造用户尖叫成为关键。据说在发布会前一周还在讨论定价，最后确定的是1999元。这个价格后来也成为很多智能手机的参考线。

性价比的核心不只是价格，还要看性能，甚至想到用跑分的方法来强调自己的性价比。我经常开玩笑说，这是小米价值1000万美元的一张图表，也是让用户一目了然的价值锚。

手机	CPU	内存	电池	屏幕	摄像头（像素）	定价
小米手机	双核 1.5GHz	1GB	1930mAh	4.0英寸 854×480	800万	1999元
HTC Sensation	双核 1.2GHz	768MB	1520mAh	4.3英寸 960×540	800万	3575元（水货）
三星 Galaxy S2	双核 1.0GHz	1GB	1650mAh	4.3英寸 800×480	800万	4999元
MOTO Atrix ME860	双核 1.5GHz	1GB	1930mAh	4.0英寸 960×540	500万	4298元
LG Optimus 2X	双核 1.0GHz	512MB	1500mAh	4.0英寸 800×480	800万	2575元（水货）

▲ 小米手机与其他品牌手机性价比对比

当然，为了实现这个“尖叫”，雷军预估的困难是200%，实际上的困难是1000%。2010年，小米团队面临的最大难关是在供应链的信任和支持上，找不到好的元器件供应商。当时正赶上智能手机的换机潮，好的元件是稀缺品，求着供货商才能拿到一点。尽管雷军在互联网界颇有名气，负责小米硬件的周光平曾经是摩托罗拉的高管，人脉颇广，但对于做硬件的人来说，大家都觉得小米的硬件不够强。2010年12月底，小米跟芯片商高通的谈判才初战告捷。高通选小米的一个重要原因，也是想赌一下互联网手机这种新的模式。为了拿到夏普液晶屏的供给，小米花了很多时间沟通。日本东北地区地震之后，小米是第一个去拜访供应商的中国公司，小米去了三个创始人，雷军带队，总裁林斌加上负责工业设计和供应链的刘德全都去了。最终打动夏普的是小米那种无论如何都想把手机做好的信念和魄力。

过了供应链这一关，第二道坎是生产关和品质关。小米手机的加工线是给苹果组装iPad的英华达。生产供应链都要有爬坡的过程，工人需要熟悉新流程。如何能从一开始就保证小米手机的良品率成了小米最关心的问题。10万台卖出去，品质不出大问题，就可以生产100万台了。到现在，英华达南京工厂将近80%的业务都是小米的。郭台铭曾经说过，他最大的遗憾就是错失了小米。

小米手机2是第二款爆品，也是打的性价比路线。发烧级四核高性能，是真正在四核时代里把内存标配、主流机器拉到2GB内存的手机，价格还是1999元。那个时候主流机器的内存都是1GB内存。

小米盒子是小米第三款爆品。在同类产品售价高达800元左右时（Apple TV的价格），小米盒子的售价只有299元。

从此之后，小米把性价比这个杀招当作了一个方法论，持续放大。红米手机和红米Note系列是小米布局千元机市场的爆品，红米手机1销售超过3200万台，红米手机2超过1500万台，红米Note系列超过2500万台。

与红米Note1对标荣耀3C、大神F1等千元机不同的是，红米Note2有更大的野心，炮火直接瞄准国产旗舰机型。在性能维度上，红米Note2最大特色是配备主流旗舰机型使用的MTK年度旗舰Helio X10处理器，8个A53运算核芯同时开启，再加上MIUI7的优化，手机更快，高配版跑分高达54024分。雷军做了一个跑分表，直接PK华为P8、魅族MX5。

在价格维度上，华为P8在京东的售价是2888元，魅族MX5的售价是1999元，而红米Note2是799元起。

再看看这个价值1000万美元的价值锚。

	华为P8	华为P8 高配版	魅族MX5	红米Note2	红米Note2 高配版
处理器	海思麒麟 9304核 2.0GHz+ 4核1.5GHz	海思麒麟 9354核 2.2GHz+ 4核1.5GHz	Helio X10 8核2.2GHz	Helio X10 8核2.2GHz	Helio X10 8核2.2GHz
储存	16GB	64GB	16GB	16GB	32GB
内存	3GB	3GB	3GB	2GB	2GB
电池（典型）	2680mAh	2680mAh	3150mAh	3060mAh	3060mAh
屏幕	5.2英寸 1920×1080	5.2英寸 1920×1080	5.5英寸 1920×1080	5.5英寸 1920×1080	5.5英寸 1920×1080
价格	2888元	3588元	1799元	799元起	999元

▲ 红米Note2性能直接对标国产旗舰手机

2014年12月，小米空气净化器发布时，又是用的跑分这一杀招。小米空气净化器找到一个价值锚：CADR值，性价比极高。一下子打爆市场，对中国的空气净化器市场产生洗牌性的影响，这就是跑分级的尖叫。

爆点：事件营销

2011年5月底，开始筹备小米手机的发布时，黎万强接下了小米手机的营销任务。为保守起见，黎万强设计了一个3000万元的营销计划，主要是一个月的全国核心路牌计划，这也是凡客早期一战成名的手段。对于要做100万台手机的目标而言，3000万元已经是很少的营销费用了。100万台2000元的手机价值20亿元，一般的公司至少会投2%～3%的营销费。按这样计算，小米在营销上的成本应该是5000多万元。但是，这个营销方案很快被雷军“拍死”了。雷军对黎万强说：“你做MIUI的时候没花一分钱，做手机是不是也能这样？”

小米由此开启了一种完全基于互联网的新营销方式。小米新营销模式的背后，不是试验田，而是战略；不是渠道，而是一种“点对点的革命”。这种“点对点的革命”，也是移动互联网的潜规则。

小米最强悍的武器，是事件营销。很多公司做事件营销是靠运气，小米的事件营销屡试不爽，背后有两个秘密武器。

秘密武器一：强大的粉丝队伍和运营。小米的粉丝能产生一个能量：用户扭曲力场，让用户有深入的参与感。扭曲力场是《星际迷航》（*Star Trek*）里的一个术语，外星人通过极致的精神力量建造新世界。苹果的员工曾用“现实扭曲力场”来形容乔布斯。

也可以说，米粉通过极致的精神力量建造了小米的世界。在小米内部调研，不管是产品、技术、营销、运营，也都把米粉当作第一原动力。小米构建了一个用户扭曲力场的金字塔，塔基是广大的用户。他们从微博、微信、事件营销等跟随参与小米的活动，介入不深，但是一个强大的跟随者群体。金字塔的中间则是米粉，这是一个关键的群体。小米能成功的另一大原因也有赖强悍又忠诚的米粉的支持。在小米成立之初，雷军制定了三条军规，其中最重要的一点就是“与米粉交朋友”。

如何能让“与米粉交朋友”落到实处，而不是一句空话？在这方面，小米学习的是海底捞。就是把这句话变成一种文化，变成一种全员行为，甚至赋予一线以权利。比如，小米给了一线客服很大的权利，在用户投诉或不爽的时候，客服有权根据自己的判断，自行赠送贴膜或其他小配件。

很难想象，在小米手机第一年700万台手机销售量里，买了两台到四台的重复购买用户占42%。黎万强说：“做朋友的心理就是，如果你这个问题是你的朋友来找你解决的话呢，你会怎么做？那当然是你能解决给他立刻就解决了，解决不了也要想办法帮他解决。小米一路走下去，如果能够踏踏实实地维护好一两百万的用户，这些用户真的是认可我们，对这个品牌的忠诚度、认可度很强，其实就够了，不要想太多。”

饥饿营销一度是小米粉丝制造的一个独特现象。在北京，有一段时间，能搞到一部小米手机一度成为“有路子”的象征。在米粉的吐槽下，小米误打误撞做了一个“开放购买”动作，每周二举办，上一周的周五在网上预约，等于是抢购买资格。这样一个“开放购买”甚至也产生了巨大的品牌传播力，小米营销团队发现，每周的开放购买能引发小米的百度指数成5倍甚至10倍的增长。还有一个特别通道叫“F码”，实际上就是给特殊贡献的用户一个邀请码，相当于优先购买权。

金字塔的塔顶是可以参与决策的发烧友。

小米论坛里有一个神秘的组织——荣誉开发组，简称“荣组儿”，这是粉丝的最高级别。“荣组儿”可以提前试用未公布的开发版，然后对新系统进行评价，鉴别新版本是好的还是不好的，甚至有权利跟整个社区说：“荣组儿”觉得这是一个烂板，大家不要升级。当“荣组儿”认定有些问题如果不改掉就判定为烂板时，小米的工程师们就会特别紧张，觉得特别没面子，然后尽快采取行动解决问题。

“荣组儿”甚至会参与一些绝密型产品的开发，比如MIUI V5。

“荣组儿”这个组织自2011年下半年成立以来，并没有出现过任何泄密的情况。可怕的米粉就是如此制造了一个强大的扭曲力场。

秘密武器二：病毒营销。为此，小米专门建了一个庞大的内容营销团队，病毒营销的本质就是脑洞大开。

最有影响的事件则是“小米手机青春版”。2012年5月18日，小米发布简配版手机，售价1499元，限量15万台，主打校园人群。为了实现15万台的销售目标，微博营销提前一个月开始预热，小米启动了一个很奇怪的主题叫“我们的150克青春”。“所有的素材就是校园的插画，比如说打篮球的、翻墙啊、考试作弊啊，然后一系列这样内容的传播，做了大概长达一个月。一开始，我们很多的用户感觉莫名其妙，所以会问这个为什么叫‘150克青春’。”150克其实是小米手机青春版的重量，包装盒里面写的是“内有150克青春”，噱头十足。

活动的高潮环节是小米七个合伙人拍的一个微视频。当时电影《那些年，我们一起追的女孩》正火，雷军等七个合伙人参照那个调调拍了一系列的海报、视频，一群老男人集体卖萌，话题感十足。为了刺激转发，小米下了一个狠招，这个招数在小米的所有事件营销里屡试不爽，就是有奖转发送小米手机，当时是3天狂送

36台小米手机。最后的战果是，“小米手机青春版”微博转发量为203万，增加粉丝41万人。

靠这种拉粉丝的手段，小米在微信上也是风生水起，4个月做到100多万名粉丝。对于微信的定位，小米早期也有迷茫期，后来明确定位为客服。这也跟微信的产品形态有关系，微信的关键词回复机制，很适合打造自助服务的客服平台。小米微信每天接收的信息量是30000条，每天后台自动回复量是28000条，每天人工处理消息量是2000条。小米还专门开发了一个技术后台，一些重要的问题反馈会转到人工客服。

黎万强解读几大新营销渠道的配合时说:“论坛还是我们用户的大本营，一些深度的用户沉淀还是会通过论坛来完成的，毕竟在微博和微信上所能够提供的方式是有限的，用数据库管理也是一个问题。对于微博来讲，我认为微博本身还是一个媒体，在客服的管理基础上，会有很多天然的这种营销传播的优势。微信，我们更多的是把它当成客服工具来用，还没有想把它当成营销工具，因为它本身是私密圈子。”

小米这几年做过很多引发轰动级的病毒营销：2012年，小米手机2发布时，“盒子兄弟”踩手机盒子的病毒营销；2013年，《100个梦想的赞助商》的微电影；2014年，发布带木盒子包装的路由器，一天赢得308万名预约用户；借势《来自星星的你》，免费吃炸鸡和啤酒，共庆小米手机2S直降400元；2015年，雷军的“Are You OK”频繁上头条，小米做了一个病毒营销视频。

什么是小米未来最大的挑战？或者说可能出现的坑？

我认为有三个挑战，也是爆品战略最大的挑战，是智能硬件创业最容易死人的坑。

第一个挑战是产品定义。产品定义，就是确定做一个产品最早的决策点。比如，小米Note是2015年1月上市的，提前1年半就要做产品定义；小米移动电源是2013年12月上市的，提前1年就要做产品定义。

目前，小米所有产品的产品定义都要雷军确定。目前看来，小米基本上是款款爆品。但是，提前一年甚至两年做预判，这还是一个压力巨大的事情。在移动互联网时代，消费者的需求、市场情况每隔半年就会发生天翻地覆的变化。做好一个准确的产品定义，是一个首席产品经理最难做的事，也是智能硬件创业必鉴。

第二个挑战是库存。跟小米的创始人聊天，他们说得最多的是“我们做的是海鲜生意”，就是说原材料等贬值压力比较大。做爆品首先要做量，靠大的量撬动供应链、工厂以及消费者。但是，也因为量比较大，如果一个环节出问题，变成库存问题，就会变成一个很大的压力。

第三个挑战是逼格。小米擅长做性价比，但不擅长做高逼格。按照爆品研发“金三角法则”来看，实现逼格竞争力是小米绕不开的一道坎。

小米过去用爆品模式蹚平了一切障碍，下一步，仍要用爆品模式蹚平这些大挑战。

“见自己，见天地，见众生。”不管如何，我认为，雷军的“有人排队的小餐馆理论”是支撑这种爆品模式的核心。

雷军说，很多人并没有听懂这句话的意思。小餐馆成不成功的标志是有没有人排队，小米为什么要做有人排队的小餐馆？第一，这种餐馆一般大厨就是老板，而且大厨每天在店里盯着，跟来的很多熟客都是朋友。第二，他有很强的定力说，把产品做好比赚更多的钱重要。我们正常的商业一定会是说，有一家排队就扩大为两家，两家再扩大为四家，再搞连锁。结果一步一步就被商业所扭曲了，所以好的东西就越来越少。所以我们希望小米的所有人都在产品的一线，而不是当老板、当管理者。

▲ 小米手机第一年的爆品武器

爆品研发“金三角法则”：关于小米手机第一年案例

◎ 不是机海战术，靠规模取胜；而是单品绝杀，相信一款爆品就能推平市场。

◎ 雷军身上有一个词，叫“All In”。“All In”是德州扑克中的一个用语，就是全下，就是孤注一掷。

◎ 小米找痛点的杀招就是让铁杆粉丝深度参与，前期是找到100位铁杆粉丝。

◎ 雷军做产品经理的秘密：超预期=跑分级的尖叫。

◎ 最强悍的武器，我认为是事件营销。很多公司做事件营销是靠运气，小米的事件营销屡试不爽，背后有两个秘密武器。

◎ 小餐馆成不成功的标志是有没有人排队，小米要做有人排队的小餐馆。

扫描二维码
进入金错刀爆品战略课堂

互联网的爆品战略

互联网最爆的价值锚是免费

你会免费吗?

互联网公司最惨烈的战斗基本都围绕一个词展开：免费，以及由此展开的烧钱大战。

免费是互联网公司最强悍的竞争武器，没有之一。

《长尾理论》作者克里斯·安德森还专门写了一本书《免费：商业的未来》（*Free：The Future of a Radical Price*），他说，新型的“免费”并不是一种左口袋出、右口袋进的营销策略，而是一种把货物和服务的成本压低到零的新型卓越能力。在20世纪“免费”是一种强有力的推销手段，而在21世纪它已经成为一种全新的经济模式。

这种解释并没有说清楚免费的致命所在，要想引爆用户链，一定要回到价值锚上。

从爆品研发“金三角法则”来看，“免费”是一种最强悍的价值锚。这不是传统意义的“免费”，而是一种新型的“免费战略”，这种“免费战略”的核心不是低价，而是高性能低价格。因为只有这样才能产生最强悍的价值锚，才能打造爆品，才能挑战“流量黑暗森林”。

在过去十几年里，最惨烈的免费大战有门户的免费大战、搜索的免费大战、电商的免费大战、团购的免费大战、手机的免费大战……

看看滴滴和快的在2014年掀起的天价补贴大战。这是中国互联网的一个标杆性事件，以至于很多公司在遇到推广难题时，就会想到一招：补贴。

滴滴通过天价补贴，1年时间就把一个创业公司拉到100亿美元市值的规模，为什么？团购大战时也流行烧钱大战，但是烧死了很多公司。为什么滴滴和快的没有重蹈覆辙？

2014年，滴滴和快的共补贴出了多少真金白银？

程维在2014年下半年时说过一个数字，说滴滴花了15亿元。算上上半年的补贴和下半年的红包，我的估算，滴滴和快的大概花出去有40亿元。

天价补贴不是简单地送钱那么简单，里面有阳谋，有暗战，有刺刀见红，也有产品黑魔法。

滴滴天价补贴背后有四个幕后的爆品战争。

第一个转折点：幕后第一推手——微信。2013年8月，微信支付上线。但是，相比阿里巴巴的支付宝，微信支付一直缺乏一个很爆的应用场景。这个场景要满足三个条件：第一要移动化；第二要高频；第三痛点要很大。

我估计，腾讯创始人马化腾在第一次见到滴滴创始人程维时，就在考虑滴滴跟微信的捆绑。我跟马化腾打过多次交道，印象最深的就是他的“布局”能力。据说马化腾早期的QQ签名就叫“正在布局”。

对于和滴滴合作，腾讯求之不得，两家公司一拍即合。当时的情况是，支付宝在移动端具有统治地位，微信支付正在崛起，双方一守一攻，攻的一方自然获得更大利益。

2014年1月，滴滴接入微信支付后，程维想做一次促销推广。他最初找腾讯提出需要几百万元的预算，腾讯回复说预算太少，最终给了滴滴几千万元。

补贴下去，效果惊人，滴滴的成交量暴涨，一个礼拜里补贴已经过亿。

对司机和用户而言，绑定银行卡和信用卡有比较高的使用门槛，同时也会带来安全隐患，实际操作过程中很容易造成用户流失。接入微信支付就很方便，基本是一键搞定。再加上现金补贴，促销效果惊人。

1月下旬，快的发动更加凶猛的补贴行动，对乘客和司机进行补贴。当时，滴滴的补贴取消，因此形势迅速逆转，滴滴的交易数据开始大幅下滑。有一天，程维在董事会上说："两周以后，快的的数据可能开始超越我们。"所有人都惊呆了。当天会议的结论是一定要让腾讯继续参与补贴。由于第一次补贴全是腾讯买单，后来达成的方案是腾讯和滴滴各拿50%。腾讯高层很爽快地表示同意。

补贴大战全面开打。滴滴订单量迅速攀升，之后双方进入拉锯战，烧钱速度越来越快，从早期一天几百万元到几千万元，再到三四月高峰期时，一天能烧掉1个亿。

快的补贴10元，滴滴就补贴11元；滴滴补贴11元，快的就补贴12元。后来，马化腾出了另一个主意：每单补贴随机，10～12元不等。这样对方就完全无法跟进了。

第二个转折点：这是一场有默契的战斗，甚至有点补贴秀的意思。有人说，滴滴和快的是代理人大战，背后真正血拼的是腾讯和阿里巴巴。这四家公司真的是打昏了头吗？

肯定不是。这是一场有默契的战斗，双方高层在桌子下面一直有来往。要知道滴滴虽然是腾讯系公司，但是，程维以前在阿里巴巴工作过，滴滴的天使投资人王刚也是阿里巴巴的前高管。而快的的一个天使投资人李治国也是阿里巴巴的前高管。双方打仗最凶猛的时候，双方的投资人来往还是比较密切的，而且还促成了滴滴CEO程维和快的CEO吕传伟的见面。

2014年5月16日双方宣布停止补贴，背后不可能没有经过商量。补贴金额在逐渐减少，有些城市甚至停止补贴。他们担心司机和用户黏性减弱导致订单量下降，但并未出现订单量骤然下降的情况，而是缓慢下降。

滴滴的一个高管告诉我，一开始疯狂烧钱时手不停颤抖。我们初衷是抢市场，但后来发现越烧钱越有价值，补贴大战不是零和游戏，而是正和游戏。

刚开始烧钱时我们不知道到底是为快的还是为自己，但打车市场迅速膨胀，从原先几十万单一跃至几百万单。同时双方市场份额不但没有减少，反而起到教育市场的作用。与其把钱花在电视台广告上，不如直接让用户体验产品，这是补贴大战积累的最深刻的经验。

滴滴和快的天价补贴背后，是两个巨头的阳谋大战：培养手机支付习惯，为手机支付圈地。

但是，为什么腾讯+滴滴略胜一筹呢？

第三个转折点：红包登场。2014年5月停止补贴后，滴滴开始思考接下来的策略。

程维最先想到"打车发红包"这个产品创意，这个创意很了不起。滴滴红包是2014年的牛逼产品，产品杀伤力极强。把补贴

变成一个产品，用社交的方式放大传播。

发红包是一个很好的社交激励方式，人都有炫耀和联络朋友的需求，有时你与别人打交道不知道找合适理由，但发红包是与别人联络的最好道具。

用户都有分享的心态，美丽说满足了小女人购物没处说的痛点。滴滴红包让用户打车后分享给朋友，用户会忍不住发，如果不发到朋友圈或微信群会感觉不爽。

滴滴在发红包上很有章法，对手根本没法抄袭。打车红包第一招是拉新用户，用户分享到朋友圈能拉来新用户。

第二招是请国内一线明星给用户发红包，利用明星效应推广产品。比如，黄晓明、海清、佟大为、Angelababy、王珞丹、李小璐等很多明星参与了“撒红包”的热潮，相当于从明星粉丝那里拉用户。

第三招是通过企业冠名方式给用户发红包。据说，合作规模最大的是蒙牛，发了几千万元的红包。这成为滴滴的生财之道。

第四招是在电视台发红包。滴滴是国内较早使用“摇一摇”发红包的产品，2014年圣诞节通过电视台综艺节目发红包，2015年1月1日江苏卫视新春晚会“摇一摇”给用户发红包，吸引1700万名用户参与，共送出3亿元红包。

据说，滴滴有个野蛮的想法，在央视春晚上投入2亿元给全国人民发红包，不过被微信“截和”。

第四个转折点：大数据登场。2014年12月，滴米上线。这是一个针对司机的积分奖励系统，靠大数据防司机挑单。我认为，滴米是一个比打车红包更牛的产品设计。

打车软件的产品逻辑是如何让用户打到车，补贴考虑的是鼓励用户用车；如何激励司机让打不到车的用户打到车，就要靠滴米。

一开始做滴米时，程维面临两个选择：到底要不要告诉用户，告诉司机目的地。不告诉目的地的好处显而易见，司机不会挑活，但坏处是司机不想去那里直接拒载，这对司机来说不够人性。

程维觉得信息透明化更符合互联网人性，但在某个时间段某个地段司机不愿拉的订单客观存在，滴米由此诞生。

滴米的出现，使过去“撒遍天下都是爱”的方式变成上下班高峰期定向鼓励司机。北京司机很狡猾，晚上堵车不拉活儿，用户最需要车的时候在路边睡觉。等到平峰期再去拉活儿，反正北京不存在没活儿的时候。为了在高峰期调动司机，滴滴根据大数据分析用户在哪些时间段、路段、目的地打车难，在用户上下班高峰期直接奖励司机。

滴米系统有一个非常重要的好玩之处。比如三个司机同时抢一个用户，滴米能判断出这是一个好活儿；如果用户叫车10多秒后才有司机响应，说明不是一个好活儿。如果用户叫车两分钟后都没司机应答，这时如果终于有司机应答，就给他滴米奖励。如果滴米加到一定程度后仍没人抢单，此时用户已呼叫三次，会直接给司机加钱，5元、8元、10元一直加到最高16元。这时1公里内的司机便去拉人，16元轻松进口袋，司机就会听到“这一单是由滴滴为你奖励16元”。滴滴内部人士说，滴米让滴滴的打车成功率提高了10%。

滴滴和快的完全是用钱干掉所有竞争对手，高峰期打车市场有40多个玩家，这种玩法非常野蛮，公司没有这么多钱根本玩不起。

但是，我想说的是，滴滴和快的40亿元的天价补贴背后，有三堂互联网创业的爆品必修课，不管是屌丝创业，还是高富帅创业，都必须借鉴。

第一堂课：痛点法则——不是打广告，而是直接把利益给用户。移动互联网时代的最大特征是直接把利益给用户，这是移动互联网市场最有价值的硬道理。

如果市场需求足够大，你能通过大量资金投入使市场迅速膨胀，甚至改变用户的行为习惯。滴滴仅用两年半的时间便从小公司发展到合并后的4000人规模，拥有上亿用户、几千万活跃用户的高频应用，也说明这种天价补贴的威力。

第二堂课：尖叫点法则——不是拼烧钱，而是要把产品做到70分以上。什么叫70分以上？我认为，就是要有口碑。

程维虽然是营销出身，滴滴是他第一个创业公司，但是在产品上动作很猛。创业早期，程维找了一个技术合伙人，但在产品上很不给力，因此他果断让这个合伙人离开了，即使花费了数百万元的代价。要知道这个公司的启动资本才80万元，当时账上也没多少钱。

为了提升打车的用户体验，程维专门招了一个人，职位就是打车体验师。每天给体验师400元钱，工作就是绕三环打车。

第三堂课：爆点法则——事件营销。这个重要的武器就是微信红包。

当然，专车是一个更加革命性的产品，这次的杀入者是Uber。新一轮免费大战正在进行，鹿死谁手？

唯爆品者生存！

如何跳出免费死亡陷阱

免费是一个强悍的爆品武器，也是一个黑暗的死亡陷阱。免费是互联网公司的必修课，也是所有互联网公司的必考题。**为什么有的公司被免费这个爆品武器狙杀，有的公司却在经历免费大战后凤凰涅槃？**

可以看看美团创始人王兴的例子。王兴最奇葩的地方在于，他经历过N次创业失败，后来在团购的千团大战中“剩者为王”。

王兴此前创业5年，都没成，做美团成了。王兴为什么过去不行现在行？为什么别人不行他行？在这中间王兴做对了什么？

王兴的成长路径是这样的：富家子弟、清华学生、美国留学、国内创业。他家里号称福建龙岩首富，很土豪的。他爸爸是开水泥厂的，王兴从小衣食无忧家境很好。

后来他到了清华读书，然后去了美国留学，在美国看到了扎克伯格做出来Facebook。于是王兴还没毕业就按耐不住创业梦跑回国创业，做了一个不成功，于是又做了另一个，王兴经历了好几个创业的坑。

第一个坑是2004年和2005年。2004年3月，王兴第一次创业，三个创始人一共凑了30万元，王兴大概出了十多万元。当时做了一款社交产品，名叫“多多友”，结果是失败。后来又继续尝试了几款产品，都是失败。这一年的创业反思是：再好的产品也得去推广。

第二个坑是2005年和2006年。2005年下半年，王兴团队模仿Facebook做了一个校园SNS网站，叫“校内网”。做校内网，王兴开始玩命搞推广，如租一辆大巴让学生去爬山。校内网名气起来了，但是另一个致命的问题出现了，融不到钱。因为没钱，校内网最后卖给了陈一舟。虽然拿到了不少钱，但对王兴而言，这算是一次失败。我的朋友李志刚，写了一本关于王兴的书《九败一胜：美团创始人王兴创业十年》，爆了不少料。这次，王兴的反思是：好的创始人不仅要搞定一个靠谱的团队，还要擅长搞定资本。

第三个坑是2007～2009年。2007年5月，王兴第三次创业启动，第一个模仿国外Twitter的网站“饭否”上线，算是微博的早期版。王兴很惨，这个网站遇到监管问题被停掉一次，最关键的是，这个模式被后来的新浪微博秒杀。

2008年年初，王兴又推出了一个面向职场白领的SNS网站，叫“海内网”，模仿的是国外的LinkedIn。但很不幸，这个产品被后来推出的“开心网”秒杀。

这个时期，王兴获得了“硅谷同步助手”的光荣称号。王兴的反思是：领先一步不一定成功，最重要的是如何做正确的事。

2009年12月，王兴瞄准了另外一个美国网站Groupon，开始开发团购网站美团网，2010年3月正式推出美团的团购业务。

美团的创业经历，王兴其实汲取了前三次创业失败的教训。这一次，他不只是个极客，还是个刀客。刀客一说，不是瞎掰的。从中学时候开始，王兴就是一个刀具的收藏和鉴赏家，并且会自己上维基百科搜索和刀相关的所有设计信息。他的鞋盒里，收藏着各种不同材质和年代的刀。

不过，属于王兴的刀只有一把，那就是美团。王兴说过一句话：如果公司就是一把刀，刀刃越聚焦，刀就会越锋利。

王兴的第一把刀：线上体验一定要很强，要有口碑。王兴对用户体验是战略级重视，他甚至在内部说：用户体验不好，利益再好，也不能做。

王兴干了一件对美团线上体验起决定性作用的事。美团第一天上线，就创造了一个特别的推广方式：10元邀请返利。就是用户邀请朋友来注册，可以获得10块钱的邀请返利。后来推出了一个更狠的：无须邀请，直接注册。

我曾经跟美团另一个创始人王慧文聊天，问他美团早期一个最重要的产品转折点是什么？

他说是过期未消费包退。这曾经是团购行业的潜规则，如果消费者购买的服务过期之后还未消费，这笔钱是躺在团购网站的账上的，钱其实不少，能占到总交易额的5%～10%。

美团把这笔钱直接退给消费者，这种取舍，还是很震撼的。但带来了很大的口碑效应，后来其他团购公司也慢慢跟进。

2011年上半年团购行业发动广告大战，美团基本上是唯一没有参与的团购公司。最关键的一个原因，就是美团的流量，靠的不是广告，而是口碑。

王兴的第二把刀：线下体验要更强。我问过美团的一位高管，什么是美团成败的关键点。他的总结是，美团网的界面头三年没变过。王兴把全部精力放在线下支持体系上，如建立呼叫中心，推出商家自动结款系统，推出内部运营系统。

美团挖了不少来自阿里巴巴的人，王兴甚至挖了阿里巴巴高管干嘉伟，据说光吃饭就吃了6次。这帮人在线下属于超级能干脏活累活的人。

在2011年下半年，江南春去拜访王兴希望他能做分众广告，那个时候团购前10名大部分都做分众、做宣传，王兴却把江南春拒绝了。为什么不选分众？江南春和王兴说，分众离消费者最近，应该做分众。但王兴的考虑是离消费者下单最近的是网站，不如买团购关键词，他把和团购有关的关键词，包括拉手，全买到了，够狠吧。

王兴的第三把刀：大数据拷问。王兴很重视数据拷问。有人跟我说，你看王兴的脑门，那么大，就是一个超级计算机。王兴的数学很厉害，他每一步都要运算，系统运算能力很强。

美团万人公司几百亿元销售额，一不小心就会失控。他每天早晨的第一件工作是看前一天的数据，然后与高管开会分析问题。他在大数据方面的挖掘也很强，而且各种维度都要有。

美团的总部办公室和大区办公室完全不同。每个部门上方都悬挂着一个液晶显示屏。你可以在移动客户端实时看到每分钟注册了多少用户，用户来自安卓系统、iPhone和iPad的数量及比例，每一分钟各个终端的成交量，以及每天不同时段成交量的变化趋势；你可以在客服部门看到今天客服电话的接通比例、用户满意度比例、闲置客服人数等数据。

大数据拷问的背后，是知道节奏、掌握关键、抓住规模的能力。王兴做美团的前三年在节奏上都是很收敛的。当时是“城头变幻大王旗”，今天是拉手第一，明天窝窝团说自己是第一。最后美团走对了节奏，掌握了关键，最后在2013年开始上规模，笑到最后成为了第一。

当然还有一点很重要，王兴抓住了美团在O2O行业的成长密码，就是从交易入手。确实如此，在O2O时代，要分清用户是为了获取信息，还是获取信息只是为了完成交易，而得到整个服务体验才是最终目的。我觉得显然是后一种情况。所以在O2O中，如果不能发生交易，对B和C都是意义很小的。

用爆品研发“金三角法则”来拷问王兴，王兴是团购公司里把产品做得最尖叫的公司。这就是爆品的威力。

移动互联网最值钱的价值锚是高频

除了免费，移动互联网还有一个特别强大的价值锚是：高频。

我们经常说，高频打低频，就是这个道理。高频消费的产品，在互联网的“流量黑暗森林”里，对低频消费有天然的压制力。

美团跟大众点评，都是做O2O比较强悍的公司，为什么选择合并，就是因为它们都缺乏一个高频入口。

美团的主业是团购，但是团购比较低频。按照我自己的消费习惯，一般一个月会团购两三次。后来，外卖业务对美团挑战巨大，就是因为“外卖”更高频。所以，美团紧急跟进，就是在寻找高频点。

大众点评的主业不清晰，一直被诟病，但是我认为大众点评有一个点很高频，就是商铺点评。按照我自己的使用习惯，基本上每天都要用。但是，这个高频点还是没法跟BAT抗衡。

支付宝有一个数据，成立两个月、正式上线50多天的口碑外卖，已经突破了日均100万单。而这个数据，美团大概花了两年时间。为什么？因为支付宝更高频。

从高频、低频的角度来看，很多O2O创业都是伪痛点，因为互联网是一个“流量黑暗森林”，吞噬你的不是对手，而是流量黑洞。

在中国互联网的爆品PK史上，还有一个经典战例，就是去哪儿和携程的断杀，最后，携程跟去哪儿合并。

去哪儿这个公司的使命就是：干翻携程。但是，流量杀手去哪儿为什么没有干翻携程呢？

被称为流量大师、技术高手的庄辰超，有着互联网破坏者的所有特征。比如，庄辰超内部鼓励互相拍砖的工程师文化，因为在内部拍砖，据说庄辰超拉黑了不少员工的朋友圈，不少员工也拉黑了庄辰超的朋友圈。从市值上看，携程市值126亿美元，去哪儿市值64亿美元。特别是进入血战的后半场，去哪儿其实在产品力上是下降的。比如，酒店业务甚至被美团赶超。

去哪儿的另一位创始人戴福瑞（Fritz Demopoulos）也是流量高手，他发现了一个流量的风口：旅游的搜索。2004年，谷歌上市后，美国人戴福瑞从谷歌公布的财务数据中发现，汽车、金融、医疗和旅游这几大类搜索信息占谷歌关键词收入的80%左右。

如何切入旅游行业，避开携程这个巨兽呢？去哪儿找到了一个单点切入的点，也是一款五星级爆品：机票比较搜索。机票是个刚需，价格敏感度高。最重要的是，这是一个标准产品，去哪儿可以通过技术手段，团结一大批中小代理商跟携程PK。

很多人认为，去哪儿早期的发展壮大，是因为携程的忽视。我认为不是，是去哪儿这种技术导向的公司，更能放大机票这种标准品的能量。去哪儿的本质是一个技术强悍的公司，携程的本质是一个运营强悍的公司。

携程和去哪儿拼杀堪称惨烈，也都陷入前所未有的亏损。去哪儿是抱上了百度这个流量的“大腿”；携程为了拼流量，也是大量花钱做并购，如途牛、同程等。

不管是去哪儿，还是携程，都严重缺乏高频产品。其实，携程的酒店、旅游点评算是相对高频，而且有大量数据沉淀的。去哪儿则把高频产品放在百度搜索上。

有个叫陈聪的网友在知乎上写了个点评，我觉得蛮有道理。“试想用户场景，去一个地方旅游需要做的功课：根据时间、金钱、人数等各种因素制订出游计划（找攻略）——定景点，购门票——订出行票务（火车、飞机、汽车）——订酒店——游玩时，吃饭、喝酒，找优惠（美团、大众点评、支付宝……）——找玩伴、艳遇（陌陌、微信）。”

是从门票切入吃喝，还是从吃喝切入门票？当然是高频切入低频更容易，更符合用户习惯。所以，携程和去哪儿竞争老半天，结果发现最大的威胁来自跨界打劫的美团和大众点评。于是赶紧握手言和，共御外敌。

从数据上看，在携程、去哪儿争得不可开交之际，美团酒店预订业务迅速从无到有，间夜数达到4600万，超过去哪儿成为行业第二。阿里巴巴的去啊高调上线，还投资了穷游、在路上。

虽然携程+去哪儿市值超过150亿美元，建立了一个强大的护城河，但是在高频这个暗刀面前，这个护城河够坚不可摧吗？

创始人首先要成为爆品总裁

传统企业是要做霸道总裁，互联网企业一定要成为爆品总裁。

什么是爆品总裁？就是成为产品经理型的创始人。现在，很多创始人都自称为产品经理型创始人，但是光成为产品经理型创始人还远远不够，还要成为五星级产品经理。

比如，雷军是五星级产品经理，马化腾是五星级产品经理。

其实，成为一个爆品总裁，最大的挑战是组织架构。传统组织架构的金字塔最顶端是公司，互联网组织架构的金字塔顶端一定是用户。

谷歌已经是全球最有价值的品牌，2015年重组后成立Alphabet，背后的一个重要原因，就是在公司变成巨无霸时，如何继续让用户处在组织架构这个金字塔的最顶端。

马化腾就是一个爆品总裁。这个被称作“小马哥”的潜行者，在中国互联网大佬里，不是最先行的（早期ICQ有五六十款模仿者），不是最帅的（以前是张朝阳，现在是李彦宏），也不是最有野心的（你当然会想到马云），“不比一般人聪明”，不够凶猛，缺乏传奇，总之，不够酷。但马化腾最凶猛的地方在于擅长打造爆品，而且持续打造爆品。为了做爆品，马化腾在创业早期曾假扮女孩子陪聊。

为了逼出微信，腾讯内部有三个团队同时在做。“做微信，是因为我们看到了一点点不同。我们当时很紧张，（腾讯）内部有三个团队同时在做，都叫微信，谁赢了就上谁。最后广州做电子邮件出身的团队赢了，成都的团队很遗憾，因为就差一个月。”

过去，腾讯传出来的消息主要是张小龙团队和手机QQ团队的大战。腾讯这种内部PK是很激烈的，据说当时，张小龙团队和手机QQ团队的竞争也很激烈，甚至通过一些竞争手段来PK掉对方。但是没想到，还有一个成都团队也在做微信。“小马哥”也是有狼性的一面的。

创业不易，互联网创业更不易。错过一个风口，就是灭顶之灾。但是，创业16年来，马化腾几乎没有错过中国互联网所有大的风口，为什么？

一个关键词是危机感。马化腾说：“三年前，互联网在PC上面，这三年完全颠倒，移动互联网才是真正的互联网……也有国内的公司在移动互联网转换的过程中跟不上，飞速地掉队。甚至强大如Facebook，股票一度跌到700亿，是因为大家担心它向移动端转变有问题。直到这两年Facebook迅速重视移动端，包括WhatsApp的下血本的收购，不敢怠慢，一点都不敢，否则就是灭顶之灾。”

另一个关键词，我认为是灰度机制。我曾经跟马化腾深聊过

一个问题：什么是腾讯微创新最最核心的武器？马化腾给了三个关键词：用户体验、快速迭代、灰度机制。

马化腾的灰度机制是这样的：很多公司在一开始做产品定义时，要么确定它是黑的，要么确定它是白的。但是马化腾发现，互联网产品的定义是由用户投票决定的。在一开始，我们不定义它是黑还是白，而是有一个灰度的周期。在这个灰度周期里，让用户的口碑决定它是生是死、是白还是黑。

当然，这带来的一个结果，就是花钱如流水。用马化腾的话说，就是允许适度浪费。这也是马化腾创新上的灰度机制：容忍失败，允许适度浪费，鼓励内部竞争、内部试错。

马化腾说过，在产品研发过程中，我们还会有一个困惑：自己做的这个产品万一失败了怎么办？

“我的经验是，在面对创新的问题上，要允许适度浪费。怎么理解？就是在资源许可的前提下，即使有一两个团队同时研发一款产品也是可以接受的，只要你认为这个项目是你在战略上必须做的。很多人都看到了微信的成功，但大家不知道，其实在腾讯内部，有几个团队都在同时研发基于手机的通信软件，每个团队的设计理念和实现方式都不一样。通过互相之间的竞争最后微信受到了更多用户的青睐。你能说这是资源的浪费吗？我认为不是，没有竞争就意味着创新的死亡。即使最后有的团队在竞争中失败，但它依然是激发成功者灵感的源泉，可以把它理解为内部试错。”

灰度机制的目的不是为了灰度，而是为了爆品。爆品就是能够引爆市场的口碑产品，也是内部灰度竞争的终极评判标准。

爆品研发“金三角法则”：关于互联网公司的爆品战略

◎ 免费是互联网公司最强悍的竞争武器，没有之一。

案例：滴滴天价补贴背后，不是打广告，而是直接把利益给用户。

◎ 有的公司被免费这个爆品武器狙杀，有的公司却在经历免费大战后凤凰涅槃。

案例：美团王兴在千团大战中“剩者为王”。一个产品转折点是：过期未消费包退。

◎ 除了免费，移动互联网还有一个特别强大的价值锚：高频。

案例：在携程和去哪儿背后，两个流量大师团结起来，建立高频的护城河。

◎ 传统企业是要做霸道总裁，互联网企业一定要成为爆品总裁。

案例：创业16年来，马化腾几乎没有错过中国互联网所有大的风口，就是靠持续的爆品。

扫描二维码
进入金错刀爆品战略课堂

传统企业的爆品战略

传统企业做爆品先要学会“自宫”

传统企业如何打造基于互联网的爆品战略？跟互联网公司不一样，传统企业基本都是硬汉子，有产品，有渠道，有工厂，让传统企业采取免费战略基本上不可能。而且很多传统企业有很多年的历史积淀，有品牌，长期砸广告。换句话说，花了很大财力、精力做信任状。

传统企业互联网转型的核心也是打造价值锚，这个价值锚的核心是“自宫”。

联想是传统企业互联网转型的典型案例，在转型中，联想手机却在江湖地位不保。杨元庆说了一句狠话：“你们拿榔头敲都敲不醒，你们太慢了。”

杨元庆的“拿榔头敲都敲不醒”的着急与反思，也值得所有传统企业创始人着急一下。我认为，传统企业有三个最致命的榔头。

必死一：不掌握核心用户的必死！过去，很多公司都不掌握核心用户。换句话说，你卖出机器后，跟用户之间的关系就断了。但是，在互联网时代，如果不掌握核心用户，只会卖硬件，会被那些掌握核心用户的公司干掉。手机行业就是一个旗帜鲜明的例子。

杨元庆反思道："我们过去做PC，产品比较简单，所谓用户体验，不是由我们掌控，而是由微软掌控，所以我们只要把硬件跟操作系统弄顺了就行。但现在，用户体验每一家公司都不同，它不是由安卓、谷歌掌控，而是由我们掌控。尤其在中国，这对我们做产品提出了更高、更苛刻的要求。互联网提供了直接接触用户的方式。今天我们可以跟用户直接互动，了解他们的需求，响应他们的反馈，对产品做快速的开发和迭代，让用户体验最优。"

必死二：没有互联网流量入口的必死！流量是一切生意的本质。过去，很多公司依靠线下店面、渠道、代理商带来客流量。现在，互联网对传统的流量带来了巨大的颠覆，甚至，互联网流量要大于传统的线下流量。小米2014年743亿元的销售额中，有70%是通过线上销售的。

如何抓住一个互联网流量的入口，优质、高效、便宜，是一门必修课。如果没有掌握这样的流量入口，必死！

杨元庆反思道："过去我们的销售方式也是很传统的，从分销商、代理商、零售商，再到用户，手机渠道的花费占40%多的利润，而小米们没有这些，我们怎么跟他们竞争？营销也一样，这已经不是大把撒钱的时代了，而是靠脑子、靠智慧营销的时代。我们现在开始用微博、微信，才意识到过去有多吃亏。如果今天有上千万的粉丝，只要发一个微博，那就是广告，一分钱都不用花。”

必死三：没有爆品的必死！杨元庆最大的改变，就是在自己的诸多头衔上加了一个头衔：首席产品经理。

老板要成为首席产品经理，这已经是互联网时代的一门必修课。但是，首席产品经理不仅是个职位，它还有使命，它的使命就是打造爆品。

传统企业做爆品，最大的难题就是“自宫”，从价值锚上做真刀实枪的创新和变革。

如何把“自宫”变成爆品武器

爱空间创始人陈炜是家装行业的资深人士，曾任博洛尼装饰装修公司总经理，一直在想如何用互联网颠覆传统家装业。

2014年是陈炜的关键一年，他在天猫开了旗舰店。但情况很悲观，两个月只成交了4单。于是，陈炜决定一定要见见雷军。2014年8月，在顺为的项目审核会上，陈炜见到雷军。本来是30分钟的会谈时间，拖到了90分钟才结束。陈炜后来说：就像黑暗中见到一束光。

跟雷军这90分钟的谈话对陈炜的互联网转型产生了颠覆性的影响，陈炜说这90分钟最少值2000万元。他回去后就动手，重新注册公司，招人，开发新产品。12月份产品上市。在见雷军之前，陈炜的做法是“899元/平方米，60天装修工期”。见雷军之后，陈炜的产品是“699元/平方米，20天装修工期”。这样，一下子打爆北京的家装市场，第一个月的订单数就达到690单，三个月后达到1000单，这是北京家装行业数一数二的数量。

雷军跟陈炜的90分钟到底聊了什么？

其实聊的是产品，确定的是价值锚。雷军问陈炜：什么是互联网思维，什么是小米模式精髓？陈炜回答说：专注、极致、口碑、快，并说爱空间做产品极致。雷军笑了笑问他：如何做到极致？最短多少时间搞定装修？陈炜说：一年内能做到30天。雷军觉得不极致，陈炜说集中所有资源能做到20天。最后一拍即合确定20天工期，晚一天工期就给用户赔1万元。

传统家装毛利率是40%，陈炜定价899元/平方米，毛利率为25%，而雷军认为零毛利才是极致。他以小米电视1成本3400元、售价2999元为例，互联网上以低毛利率走量实现盈利才是王道。

雷军建议陈炜按成本价销售，用现在的成本来定价，用未来的规模来赚钱，永远保持10%的毛利率。规模越大，爱空间成本越低，能保持10%毛利率说明运营效率极高。剔除传统渠道和营销费用，成本结构发生根本性改变，为爱空间构筑天然的防火墙。

爱空间的动刀，对家装行业影响巨大，也让另外一个家装大佬加快了步伐，他就是实创装饰董事长孙威。

实创十年前杀出北京家装界，就靠一招“28800家装搬回家”。孙威自己是造价工程师，当时算出28800元这个价格，毛利率有20%。当时他很兴奋，但是广告打出来后，发现犯了一个错，忘记算人工成本了，结果最终毛利率只有7%，是不赚钱的。但是，这个价格却打爆了市场，一年时间就让实创从800万元规模的小公司，变成了规模过亿的公司。

孙威现在的情况，就像他当年破坏别人一样，也遇到互联网上的破坏者。孙威也是微创新的学员，自2014年以来，孙威开启了一个互联网逆袭的模式，先改思维和组织架构。一开始大家对互联网家装不屑一顾，认为只要强有力整合供应链，大型家装公司都能达到爱空间水平。为了拥抱互联网，他甚至干掉了公司总裁，也把自己的董事长干掉，扁平化，成立项目组。

孙威互联网逆袭的第二步是改产品，实施价值链动刀。一开始，孙威认为传统家装的痛点是太复杂，因此把美式装修直接精简为纸牌屋风，把北欧风格直接精简为宜家控，市场反响不错。

爱空间的699元/平方米出来后，孙威发现自己还不够狠。专门组建项目组，研发三个月，推出了一个互联网家装产品“688

任性装”，把价格降到688元/平方米，工期压缩到10天、18天、28天。2015年在28个城市共放出3000套名额，短短半个月成交2000套，签单量比过去增长4倍。

孙威说，现在一个礼拜的迭代速度，抵得上过去十年的速度。

性价比是绝杀

传统企业寻找爆品武器的最大底气在哪？一个关键词是用户，就是引爆用户的能量。

在我深度调研的案例中，e袋洗董事长张荣耀也很奇葩。过去25年，一直在洗衣行业打拼，用一个词总结：苦战。

过去14年，张荣耀一直用互联网改造洗衣行业，用一个词总结：动刀。

过去3年，张荣耀的关键动作是移动互联网，用一个词总结：对自己心口动刀。

张荣耀创立的荣昌洗衣历史上共经历过两次转型：第一次是2004年由特许经营模式向“一带四+联网卡”模式转变；第二次是2013年上线e袋洗转型移动互联网。无论从时间跨度还是内心煎熬，张荣耀为转型都付出了巨大代价。

张荣耀发现，做洗衣连锁的本质就是卖机器，无法直面用户。联网卡看似发挥作用，但无法避免加盟店不当行为带来的品牌担责风险，只完成转型重任的30%～40%，为此张荣耀独自坚守，不断拉近与用户的距离，六七年不与外界来往。e袋洗成立后，好不容易熬过董事会和团队调整的阵痛，某物业大佬扬言洗衣免费让张荣耀两个月没睡好觉，全职物流团队遭遇挖角更是让刚步入正轨的e袋洗雪上加霜。

张荣耀动刀的核心围绕用户两大痛点展开，并开发出尖叫级产品。

第一，标准化是洗衣行业的大痛点，无法形成服务闭环。张荣耀跑遍世界各国，发现国外洗衣流行按重量计费，虽然上门取送能解决配送难题，但带秤称重不够便利。联想到高考档案袋交接时保持封签状态，最终想出“99元1袋”的计费方式。一个袋子，用户随便装，费用都是99元。服务标准化也便于解决支付难题。

第二，支付和配送是另一大痛点。Uber分享经济的模式给张荣耀启发，社区广场舞大妈成为e袋洗极力拉拢的人群，打出“鼓励锻炼身体，不脱离社会”的旗号吸引业主成为小e管家，最终众包模式得以成形。小e管家兼职自由度较高，不用穿统一服装，只需戴上e袋洗帽子和牌子即可，取送衣物后照常照顾老人、小孩，每单取送各10元，最高月薪达1.5万元。

在这拨互联网转型的大潮中，张荣耀不是规模最大的，但是是对自己心口动刀最狠的。抛弃过去卖机器的思维，不顾一切拥抱用户；全部砍掉过去的线下洗衣店，全力拥抱手机App；把传统的骨干人员全部转到互联网公司；砍掉快递配送团队，用众包模式配送。

寻找爆点武器的另一个关键词是性价比。对大多数传统企业而言，性价比是最直接的价值锚，也是一记绝杀。

一年狂卖300万瓶，销售额超过2亿元，好评率高达99%，一个月内重复购买率高达98%。这是一款互联网白酒——“三人炫”的数字，也是白酒业这两年的一款现象级产品。这甚至让操盘人酒仙网董事长郝鸿峰也出乎意料。

有一次，郝鸿峰与小米联合创始人黎万强同台，现场围绕酒类行业的小米展开讨论，得出一个初步结论：酒类行业小米的玩法是一种酒一年卖1亿瓶，每瓶只赚1元钱。

郝鸿峰率领团队铆足劲儿打造新品，在酒质、外观设计、品牌故事、包装、定价上重点发力，终于赶在2014年8月底打磨出成品——“三人炫”，产品研发周期和费用创下新高。

其实，性价比的核心是如何提升性能，确立产品的价值锚。

第一个价值锚：好水。一瓶好酒首先需要好水，水是酒的血液，四川盆地雨水充足，水的口感极佳。三人炫选取泸州凤凰山下的龙井泉水作为水源，而且这里水量巨大。

第二个价值锚：好粮。粮食是酒的肉，一般大酒厂选用有机高粱，如泸州老窖选用有机糯红高粱，小型酒厂则选用杂交高粱，前者成本是每斤5元，后者每斤只需1～2元。

第三个价值锚：酵池。酵池是酒厂最宝贵的财产。泸州老窖有上百个酵池，而且泸州老窖的酵池几百年没有断裂过，一直在进行发酵。时间越长，菌种越丰富，口感越清爽。

第四个价值锚：好故事。传统白酒一般讲故事会说“唐时宫廷酒，盛世剑南春”。三人炫则是把三个人作为白酒的核心故事，一个是泸州老窖的总裁张良；一个是业界很牛的设计师许燎源，花了200万元设计酒瓶；一个是酒仙网的郝鸿峰。

最后定价环节，成为郝鸿峰最为困扰的难题。酒仙网内部经过两小时激辩，最终敲定“2斤装169元，买一送一”。

一瓶白酒快速打爆市场。郝鸿峰反思，过去酒仙网对爆品的重要性认知不够强烈，直到三人炫的诞生，才真的体会到爆品的厉害。

郝鸿峰现在做酒类电商，就拼四个字：定制+爆品。“酒仙网最终还是要产生利润，而这就离不开我们自己打造的爆品。这也是酒仙网与其他酒类网站最大的区别，酒仙网拥有只有在酒仙网才能买到的高性价比产品，我们的定制化爆品。”

一方面，酒仙网进行名酒微创新。根据名酒的特点从细节着眼，小到包装的形态、颜色，大到功能的使用，把名酒在原来的基础上，进行了互联网化包装。

另一方面，联合研发，通过品牌研发中心近200名研发成员，加强产品研发能力。每周研发一款全新的酒类，为渠道提供源源不断的新鲜血液，增强产品竞争力。

结果就是：酒仙网2015年销售额过千万的单品不少于60款，大大提高了整个酒仙网的利润。非标品电商想要挣钱，一定要通过爆品打造自己的品牌，增加品牌溢价。

【案例】任正非如何让宝马追上特斯拉

在传统企业的互联网转型中，很多传统企业大佬纷纷折戟，最最例外的是任正非。在小米等带来的互联网模式的冲击之下，他转变得最彻底也最强悍。2013年12月16日，华为旗下的互联网手机品牌荣耀正式独立；2014年荣耀的销量超过2000万台；2015年实现4000万台的销量。

面对互联网，很多大佬是自己想清楚了，下面人不清楚。而任正非，自己想清楚了，下面人干的很清楚。

跟华为内部人聊天，我问他们什么是任正非跟其他传统大佬最不一样的能力，有人的回答是：超级强烈的危机感。

举个例子。2001年，正是华为发展势头非常良好的时候，任正非发表了一篇文章《华为的冬天》。前几年，当全国都在学习华为的竞争力时，任正非授权出了一本书《下一个倒下的会不会是华为》。

任正非相信战略就是活着。他说：“华为最基本的使命就是活下去。”即便已经成为中国IT业的老大，任正非也说：“我没有远大的理想，我只想这几年如何活下去。”任正非甚至提醒员工：“超宽带时代会不会是电子设备制造业的最后一场战争？我不知道别人怎么看，对我来说应该是。如果我们在超宽带时代失败，也就没有机会了。”

面对互联网的冲击，很多创始人都说“自杀重生，他杀淘汰”，但是下面人的危机意识并不强。

关键在于大公司往往也是管理最为完善的公司，已经有了一套非常严格和完善的管理体系，有了很强的流程和控制系统，这使得大公司就像一只笨拙的大象，掉起头来非常吃力。

在深圳，我跟几个做智能手机的大佬聊天，他们说经过2014年的血战，他们开始研究华为。小米的杀入，对智能手机行业是一个血雨腥风的改变。很多公司都在学小米，但是，学得最到位的竟然是华为。因为华为最有“自宫”精神。“自宫”精神体现在以下两点。

第一，放空式学习。就是把自己完全放空再学习，把自己过去的内功全部散掉，再重新修炼。有一个词叫“空杯”，还有一个词叫“归零”。这一点，很多人做不到，或者说，不敢对自己这么狠。

多数人都认为特斯拉这种颠覆式创新会超越宝马，但是任正非却认为只要宝马不断地改进自己、开放自己，宝马也能学习特斯拉。

在手机业务上，华为全面学习小米的成功经验。小米有自己的商城，华为也开了自己的Vmall；小米有自己忠实的米粉，华为也经营自己的花粉；小米擅长做爆品，华为也集中精力推出精品手机……从产品线上也是亦步亦趋：荣耀3C对红米，荣耀3X对小米手机3，荣耀畅玩版死磕红米Note，荣耀6死磕小米手机4。从营销上，小米每一个重大时点，无论是新品发布还是重要节日，都有荣耀的“截和”或者“隔江对唱”。举个最极端的例子。4月8日是小米成立的日子，所以搞了一个小米“米粉节”；荣耀也在4月8日搞了一个荣耀狂欢节，简称“花粉节”应对小米“米粉节”。

任正非说要“削足适履”。面对创新，要“先僵化，后优化，再固化”。任正非认为，只要不固步自封，敢于打破自己既得的坛坛罐罐，敢于去拥抱新事物，华为不一定会落后。他对余承东说："你们这棵桃子树上一定要结西瓜，不能就只结桃子这一种商业模式。"

这种放空式学习，在荣耀身上得到了充分的释放。以至于华为荣耀的负责人刘江峰，因此发现了互联网做爆品的秘密，因此抛弃华为的高薪，自己去创业。

第二，用"弯道超车"的方式做爆品。光靠放空式学习就能够适应新的变化，从而赶超对手吗?

任正非不这么认为。他认为，面对互联网这样巨大变革的时候，传统企业除了学习别人的先进经验之外，更要牢牢掌握住自己的核心竞争力，抓住市场的战略机会点。

还是回到宝马与特斯拉关系的问题。任正非认为汽车有几个要素：驱动、智能驾驶、机械磨损、安全舒适。虽然在前两项上特斯拉有优势，但是后两项则是宝马居优势，只要宝马不封闭保守，是可以追上来的。

在做智能手机的时候，华为开始认真研究自己的战略机会点，发现材料科学方面不是自己而是苹果、三星的优势，互联网营销则是小米的优势，好在自己还能够学习。

那么，华为的优势在哪里?华为人总结出来，一个是拥有自己的芯片设计能力，第二个是技术整合优势。

华为很早就在研发终端芯片，前些年3G刚刚普及的时候，装备了华为自己研发芯片的上网卡一度占领了欧洲上网卡80%以上的市场。当然，手机芯片的研发难度要大得多。此前华为曾经研发出K3手机芯片，但是应用在手机中并不算成功。

几年前有个有意思的故事。手机芯片老大高通董事长保罗·雅各布（Paul Jacobs）跟任正非在游船上谈生意，任正非让雅各布把价格再降一下，雅各布假装为难地说，再降就要跳船了。勃然大怒的任正非将船门打开说，那你现在就跳下去吧！

此后华为旗下的海思半导体又经过了不懈的努力，终于研发出了能够与高通媲美的麒麟手机芯片，从而彻底摆脱了对高通的依赖。

一向跟踪前沿技术的华为还整合了过去被苹果垄断的指纹识别技术，并率先用在了Mate7上，结果获得了大卖。

传统企业的信任状+价值锚，也是威力惊人的。

爆品研发“金三角法则”：关于传统企业的爆品战略

◎ 不掌握核心用户的必死！

◎ 没有互联网流量入口的必死！

案例：爱空间陈炜用互联网颠覆传统家装，靠“自宫”，用现在的成本来定价，用未来的规模来赚钱。

◎ 没有爆品的必死！

案例：实创装饰孙威的“自宫”，为了打造爆品，先干掉了自己公司的总裁。

◎ 传统企业寻找爆品武器最大的关键是用户，引爆用户的能量。

案例：e袋洗张荣耀对自己心口动刀，提出“99元1袋”的颠覆性计费方式。

◎ 性价比是最直接的价值锚，也是一记绝杀。

案例：酒仙网郝鸿峰直到爆品“三人炫”的诞生，才真的体会到爆品的厉害。

◎ 面对互联网，很多大佬是自己想清楚了，下面人还不清楚。

案例：华为任正非让宝马追上特斯拉，关键一招就是“放空式学习”，敢于打破自己既得的瓶瓶罐罐。

扫描二维码
进入金错刀爆品战略课堂

爆品的三大陷阱

不锋利

在做爆品的路上，也有很多陷阱。第一个陷阱就是痛点不够锋利。

先看一个失败案例：快书包之败。快书包是我印象挺深的一个产品，一小时快送图书，送书时的包装袋是一个印花布。这家2010年成立的公司，四五年之后，在电商江湖中基本被吞噬。

快书包创始人徐智明自己反思：必须有特别锋利、清晰的定位，才能够戳到用户痛点。

光找痛点还远不够，必须找到最锋利的一级痛点，就是用户最痛的需求点。“一小时快送”是个痛点，但不是一级痛点。特别是在图书市场上，“一小时快送”不是一级痛点。品类全和打折多才是一级痛点，所以，它很容易被京东、当当秒杀。

锋利，就是把单点做到极致。大刀阔斧做减法，甚至只做一个点，但是要把这个点做到可以挑战京东、天猫。

痛点够不够锋利，是拷问产品的第一个难题。不仅拷问创业者，也拷问企业家大佬。

举个例子，首富王健林的互联网转型之败。王健林是一个转型强人，他有一句话特别赞：转型就不怕打破瓶瓶罐罐。万达的发展史，可以说是王健林的转型史，先是逃离住宅地产，后来做商业地产，再做旅游地产，现在又要去地产化，做电商。

在传统产业上，王健林的转型动作和找痛点非常锋利。比如，2000年，王健林决定从住宅地产转型商业地产，收租就可以有稳定的现金流。但所有的万达高管都反对，投赞同票的只剩他一人。那时，没有人知道商业地产是什么样，未来的不确定性让人不敢面对。但是王健林没有退缩。2006年，王健林转型做电影院和百货。2009年，王健林又开始转型做旅游地产。

王健林还是个很霸道的产品经理。万达所有的创新都是他一手推动的，他也是个好的产品经理。做商业地产，万达磨了5年才找到城市综合体这种中国特色的模式，在这个过程中经历了很多考验和坎坷。王健林亲自带队到美国学习，而且他本人也成了商业地产的专家。据说，万达的几乎每一张图纸他都看过，每个周六他都会到万达设计院看一整天的图纸，提出很多意见。

像很多大佬一样，王健林下一个转型的方向是互联网。他在内部要求：副总裁以上必须拥抱互联网思维。

转型曾是万达的核心竞争力，但现在却成了一个大坑。万达商业地产的成功，是因为强控制、强执行的管理模式和文化；而今互联网、文化产业是万达转型的方向，这些创意类行业，强控制只能适得其反。

万达的互联网转型产品基本上没有什么声响，万达电商高管已经如走马灯般更换了好几批。

一个最根本的原因，就是在找痛点上不锋利。这种不锋利，首先缘于创始人的不锋利。

不极致

什么叫极致?

极致，就是在一个单点上往死了做，形成一个对手都没法抄袭的价值锚。比如，京东自建物流，不仅做了，而且做得很极致，投资了十几亿美元，对手当当、天猫都望洋兴叹。

万科总裁郁亮有一段时间带团队集中参观了几家互联网公司，腾讯、阿里巴巴和小米，做了一个反思：不极致。郁亮说：“我们以前对客户好，但不是极致。比如我们开发这瓶矿泉水，我们觉得是长寿之乡的水，好不容易找到了水源，要多卖点钱，每瓶多卖两块钱。但多卖两块钱，其实是在勾引你的竞争对手。假如你的竞争对手只多卖一块钱，第三个对手只多卖五毛钱，到第四个就不赚这个钱，只卖出去就行了——我们以前就这样做的。看了小米手机的做法后，我们觉得，同样都在做好东西，关键在于如何让客户对你真正好，如何发自内心地对客户好。”

不极致是互联网上做产品最大的一个陷阱，也是做爆品最大的一个坑。比如，顺丰嘿客30亿元烧出的一个转型大坑。嘿客是顺丰的一个O2O项目，顺丰嘿客大概有1.6万员工，3000多个店面，投资估计在30亿元左右，但这一模式并不成功。

其实顺丰是一家做产品很极致的公司，在快递行业，很多中国快递其实是“慢递”，顺丰把“快”做到了极致，而且服务很好，不靠广告，完全靠口碑建立了一个商业帝国。

但是，顺丰的O2O产品嘿客，最大的问题就是产品不极致。嘿客经历三个发展阶段：布局快递、探索电商和社区便利店。

首先是布局快递。嘿客一般选址在高档小区附近，考虑到去居民楼、写字楼上门收发件成本过高，所以采取用户到门店寄件、门店取件返2元的模式，最大程度节省人工成本。而收发快递属于低频业务，用户每月平均使用2～3次，进店率低导致门店冷清。同时高档小区用户不会因省2元而到店取件，他们更希望获得上门收发件服务。

第二是探索电商。2011年O2O概念尚未流行开来，2012年O2O线上线下结合被广泛接受，顺丰认为必须转型升级，于是上线顺丰优选探索电商模式。但是电商属于重模式，不能大面积覆盖。

第三是社区便利店。从2014年开始，顺丰在3000家嘿客门店推行O2O，嘿客隶属于商业事业部，员工1.6万人，并引进大量零售业高管，店内摆放各种商品，采取现场销售取货的模式，即用户在移动端下单后可享受上门配送服务。社区便利店定位使嘿客供应链成本居高不下，门店展品销售收入过少，即使加上主营快递业务收入，也不足以支撑门店的正常运营。

这种产品的不极致，直接导致被“流量黑暗森林”吞没。

爆品干掉爆品

在做爆品路上，最难抵御的陷阱，就是老的爆品被新的爆品干掉。

人人网曾经是电脑时代的一款爆品，是学生必上的社交网站，也被称为中国版的Facebook。

但是，随着微博、微信两个新的爆品的崛起，用户大规模地逃离。比如，人人网上的不少红人，后来基本都转为微博红人、自媒体红人了。

微信为何绝杀人人网？就是因为微信抓住了熟人关系的一级痛点：通信。反观人人网，过去人人网有三宝：分享、状态、求交往。做熟人关系，在通信这种强需求面前，要弱很多。

这样的例子很多，任天堂Wii就是这样一款被颠覆的例子。

为什么Wii这样伟大的爆品也会被颠覆？

先看看Wii制造的颠覆背后：交互界面的质变。

2002年夏天，岩田聪接掌任天堂社长时，这家百年老店已处于风雨飘摇的危境。2006年11月19日，任天堂发售了游戏家用主机Wii。加入了Wii Remote控制器后，使得Wii创造一种全新的游戏方式——体感游戏，甚至有健身的目的，全家都可以参与。

岩田聪也许想到了，也许没想到，他引发了游戏行业的一个“质变”。第一，从重度游戏向轻度游戏的转变，从双手操控的交互到体感交互的质变，正是这种质变让Wii成为一款超级爆品。截至2014年10月，主机Wii的全球销量达到了1.09亿台。

再看看Wii的失败：多点触控的质变。

2011年是任天堂的转折之年，任天堂的经营业绩急转直下，销售额同比暴跌36%，年终财报亏损373亿日元。2012年，亏损364亿日元；2013年亏损232亿日元。

为什么？因为手游对传统游戏的冲击。换句话说，一款新的爆品在产生颠覆。

智能手机为什么能对传统游戏机产生颠覆？因为一个新的“质变”发生，那就是多点触控，让用户的手指变成鼠标。

可以说，爆品最大的敌人就是行业的“质变”，而真正的幕后推动者则是用户。

那些革命性的爆品都源于行业的“质变”，而且这种“质变”不是围绕技术发生，而是围绕用户发生。有几种质变最可怕。

第一种是基于交互界面的质变，如手游的多点触控对传统重度游戏、体验游戏是一次“质变”。

第二种是基于商业模式的质变，比如小米之于传统手机。传统手机是赚硬件的钱，小米的本质是把硬件当软件做，赚软件的钱。

第三种是交易方式的质变，比如Uber、滴滴之于传统租车，传统的交易方式完全被颠覆。

这种质变，在移动互联网的大背景下，正在各个行业全面发生，也会催生出新的爆品模式。

岩田聪有句话说得很好，他谈的是玩者之心：“在我的名片上，我是一个公司总裁；在我自己来看，我是一个游戏开发者；在我内心深处，我实际上是一个玩家。”

看看Wii的现实，你会发现，玩家是最善变的，用户也是如此。

爆品研发“金三角法则”：关于爆品战略的陷阱

◎ 爆品战略的第一个陷阱就是痛点不够锋利。

案例：快书包之败，就是没有找到特别锋利、清晰的定位，没有戳到用户痛点。

◎ 万科总裁郁亮的反思：我们以前对客户好，但不极致。

案例：顺丰在传统业务上做得很极致，但互联网O2O业务嘿客太不极致，产品做成四不像。

◎ 最难抵御的陷阱，就是老的爆品被新的爆品干掉。

案例：任天堂Wii之败，是因为智能手机对传统游戏机产生颠覆，这是用户体验的一次“质变”。

◎ 爆品最大的敌人就是行业的“质变”，而真正的幕后推动者则是用户。

未来是爆品总裁的时代

乔布斯：产品人不能被营销人打败

地球上最伟大的产品经理乔布斯，曾在斯坦福大学有个著名的演讲："提醒自己快死了，是我在判断重大决定时最重要的工具。因为几乎每件事，所有外界期望、所有名誉、所有对困窘或失败的恐惧，在面对死亡时，全都消失了，只有最重要的东西才会留下。"

他是商界"贝多芬"、硅谷的首席创新总监、《经济学人》眼中伟大的皇帝拿破仑，一生光环无数，但我觉得最贴切的头衔是产品经理。如果给乔布斯选一句墓志铭，不是那句著名的"求知若饥，谦卑若愚"，不是"跟随自己的内心的勇气"，也不是"人活着就是为了改变世界"，而是"产品人不能被营销人打败"。

这句话是1997年乔布斯回归苹果时说的一句话：当产品人不再是推动公司前进的人，而是由营销人推动公司前进，这种情况是最危险的。

乔布斯一生的信条就是聚焦产品，他称之为苹果的地心引力。“市场需要一种以产品为导向的文化，在技术公司也是如此。很多公司有非常杰出的工程师和聪明的员工；但是从根本上而言，这些公司需要将所有一切集合在一起的‘地心引力’。否则，你得到的可能就是飘浮在宇宙中的一个又一个了不起的技术片段。这些技术片段无法组合在一起产生伟大的作品。”

“产品挑选人”是硅谷的一个特色。根据惯例，新成立公司的第一个产品必须成功，或者说，第一个产品必须是“杀手级”的。如果第一个产品没有成功，那么这家公司必定失败。

但是，很多新创公司只有一群拥有才华与想法的工程师，却没想好要开发什么产品。这时候，就必须由一位“产品挑选人”来领导，从众多想法中挑选出最关键的。

乔布斯是一个强悍的产品挑选人，而最厉害的是，他能够不断制造爆品。相反，不少公司陷入绝境的一个重要原因就是产品挑选人缺位——要么是创始人离开，要么是创始人不能持续升级，要么是后继乏力。

乔布斯信奉“烤面包机”哲学——抛弃繁杂的技术路线，寻找打动消费者内心的最直接路径。不管是iMac，还是iPad、iPhone、App Store，都遵循这种应用创新理念。

苹果公司内部有不少这样的故事。1980年的一天，乔布斯带着一本电话簿走进一场设计会议。他把电话簿扔在桌子上，说：

“那是麦金塔能够做的最大尺寸，绝对不能更大。如果再大，消费者会受不了。”

当时，房间里的人都傻了，这本电话簿只是过去出现过的电脑的一半大小，实现它是根本不可能的，那些电脑配件、CPU等绝对无法放进那么小的箱子里。

后来，他又要求把笔记本电脑做到最薄，甚至能放到牛皮纸袋里。

当然，乔布斯也有不少大的失败，比如NeXT电脑、PowerMac G4电脑、Apple TV。他也并非是能够完全搞定消费者的神人。

做营销的干不过做产品的

在中国，大部分创始人、创业者不相信产品，更相信营销。

我们一直处在“营销为王”“渠道为王”的传统理念，以及由此发展出来一系列的打法和系统支撑。比如宝洁，核心竞争力就是“品牌管家”。宝洁过去最重要的模式就是收购一个产品，通过品牌管理来放大。这种模式也是很多传统企业最喜欢的模式，我们称之为“品牌溢价模式”。在传统工业时代，品牌是一个巨大的信任状，也是一条护城河。

但在互联网时代，这种品牌溢价模式遇到了巨大的挑战。宝洁这几年业绩也是大幅下滑，2014财年业绩仅增长1%，净利润下滑了20%。

更糟糕的是，宝洁在很多产品线上遇到强力阻击。比如，中国消费者购买力最强劲的产品：面膜。宝洁花肌悦的主打产品是面膜，但单片15元的价格对其目标客户群体的吸引力实在有限，市场份额最高的“美即”每片售价10元，口碑不错的“我的美丽日记”5～7元就能买到。另外，它的包装也是败笔。“两个系列分别用了绿色和紫红色，看起来不够年轻，像是给年纪大的人用的。”

宝洁在远离消费者。宝洁早期曾以“去屑”等创新产品，成为洞察用户需求的核心案例。但现在，宝洁这种浅挖掘模式显然干不过深挖掘模式。比如卫生巾市场，宝洁的护舒宝最早打出“护翼”的痛点，解决了以往直条型卫生巾容易产生移位侧漏的问题。当苏菲以“超长夜用”的概念开拓市场后，护舒宝的份额受到侵蚀。再比如，当年宝洁在网面材质的营销很厉害，但目前市场的趋势是棉质材质。

宝洁“品牌管家模式”也遭遇巨大的危机，我称之为：做品牌的干不过做产品的。

有营销无口碑必死

凡客就是这样一个典型的例子。2011年，凡客最热闹时，公司市值40亿美元，公司员工有1.3万多人，光总裁级的领导就有三四十位。后来凡客步步陷入危机，只剩下不到300人，做衬衫的核心团队只有7个人。

凡客曾经是一个“微创新”的典型案例。凡客早期做了很多基于用户体验的微创新：很高档的硬皮包装盒，无条件退换货。凡客也推出了不止一款的爆品，衬衫、帆布鞋、T恤衫。

我认为，对凡客而言，真正的转折点是2010年。这一年，“凡客体”强力引爆市场，成为营销史上一个经典事件。

这件事情带来的结果是凡客开始把营销当作核心，严重忽视基于产品的价值锚打造。换句话说，营销人打败了产品人。

凡客早期的产品还是很尖叫的，28元的T恤，质量不错。但后来，质量大幅下滑。我一个同事曾经是凡客的粉丝，后来抛弃凡客，原因就是质量不好。一个产品的质量能让用户明显感到不好，这是什么情况？就如雷军对陈年的直接拷问：凡客的产品不行，凡客对待产品的态度不行。

营销很重要。很多创业企业其实是死在营销上，产品不错，但是没有让更多人知道。据说徐小平投资公司，就看营销能力强不强。早期，陈年在营销上还是很凶猛的。比如，凡客早期一个重要的微创新就是包装盒，成本有点高，陈年就把它当作营销费用来处理。但我认为，营销好只能解决0到1的问题，不能解决1到100的问题。

有营销无口碑必死。2013年8月29日，为了赌气，陈年找雷军来凡客参观。陈年清空了半层楼，把凡客所有的样品挂出来展示。跟雷军在几百个衣架间走过时，陈年感到狼狈，因为这也是他第一次看到这么多真实的产品。陈年挫败地发现，没有一件是拿得出手的。雷军说，他感觉不是站在一个品牌店，而是百货市场。

陈年说，自己不再想去做“凡客体”那样的营销，“我不想再去凑热闹了，我凑过，也见过很多凑热闹的公司，最后它们都烟消云散了。”

这是一堂价值10亿美元的创业反思课。

要做用户体验屠夫

特斯拉CEO埃隆·马斯克（Elon Musk）在南加州大学商学院毕业典礼上发表演讲，他谈到了关于创业的几件重要的事情，其中最重要的一条是：把产品做好，而不是把营销做好。

“很多人感到困惑，他们花的钱并没有让他们的产品变得更好。举一个例子，在特斯拉，我们从不在广告上花钱，我们把所有的钱都投在了产品研发及更好的产品设计上，我们尽全力把我们的车做得尽可能的好。”

在传统领域，我们形容一个人的凶猛，常用一个词：价格屠夫。在互联网上，我创造了一个新词：用户体验屠夫。

举个例子，亚马逊CEO杰夫·贝索斯（Jeff Bezos）。贝索斯不仅强调用户体验，而且把用户体验当作一种跟对手PK的工具。贝索斯甚至申请了一个“一键下单”的专利，让美国很多电商网站望尘莫及。

亚马逊公司有一个秘密团队，叫作“竞争情报组”，主要工作是在其他网上零售店购买大量商品，评测这些服务的质量和速度。也就是说，购物过程轻松流畅吗？服务速度快吗？

亚马逊还通过用户体验洞察、发现潜在对手。比如，一家电商网站Diapers.com就是这样被发现。它主营婴幼产品和清洁用品，深受女性消费者的喜爱，因为顾客可以为经常需要购买的东西设定发货日程表。

亚马逊甚至还通过用户体验杀手锏“逼宫”。为了收购Diapers.com，亚马逊宣称贝索斯是一个不达目的誓不罢休的人，如果胆敢把公司出售给沃尔玛，贝索斯可以把尿布的价格压到零美元。

未来是爆品总裁的时代

这是雷军的一个小变化：如何开发布会。

在金山任职时期，雷军开一个新品发布会，要先搞“风暴式营销”，讲究“海陆空”三军并进。“空军”指的是整体市场造势和事件定义，“陆军”指的是组织地面推广团队进行线下传播，而“海军”则是选择各路渠道进行渗透、落实。

再开一个场场爆满的发布会。雷军会这样做：第一，要花4次时间去邀请一个人。同时，雷军会考核请到率。假如一个人没有到场，你要花半个小时解释，为什么没搞定。第二招，也很狠，请100人，摆80把凳子，后来的人没有位置，很有场场爆满的感觉。

是不是很厉害？但是，这是他在金山时期的做法。在小米，雷军完全放弃了这种玩法，这些事情全不干了，全部砍掉了。在小米的发布会前，他只把一件事情干好：把产品做好。准备发布会时，只把一件事情干到极致，就是把PPT写好。一个PPT的制作，会由四五个人组成核心团队，总共会有四五十人参与，一般会写一个月到一个半月，一般会改100遍以上，每一张PPT都是海报级。

小米的每个产品都是这种引爆路径。

▲ 传统工业时代，最猛的CEO是价格屠夫；
互联网时代，最猛的CEO是爆品总裁

我经常讲一句话：回到原点。**对互联网时代的创始人而言，爆品才是原点，爆品才是杀出互联网“流量黑暗森林”的核心武器。**

看电影《道士下山》，有句话很触动我：“不择手段，非豪杰；不改初衷，真英雄。”这个“初衷”，是创始人的原点。有些人找到了，有些人穷其一生在寻找。

不管是传统企业，还是互联网企业，爆品战略都是一个未来武器，重温这个武器的核心关键：一个极致的单品、杀手级应用、爆炸级的口碑效应。如何掌握这个核武器，就是爆品研发“金三角法则”。

▲ 爆品研发“金三角法则”

痛点法则：找痛点是一切产品的基础，如何找到用户最痛的那一根针。

尖叫点法则：价值锚是一切产品尖叫的核心，产品是1，营销是0，如何让产品尖叫。

爆点法则：口碑是一切互联网营销的发动机，如何通过事件营销做10倍级引爆。

有产品经理思维的创始人，是稀缺人才，是未来的主流人物。未来是产品人的时代，也是爆品推平一切的时代。

爆品研发“金三角法则”：关于爆品总裁

◎ 当产品人不再是推动公司前进的人，而是由营销人推动公司前进时，这种情况是最危险的。

◎ 互联网时代，做品牌的干不过做产品的。

◎ 有营销无口碑必死。

案例：凡客之败，把营销当作核心，严重忽视基于产品的价值锚打造。

◎ 传统工业时代，最猛的CEO是价格屠夫；互联网时代，最猛的CEO是爆品总裁。

案例：亚马逊不仅强调用户体验，而且把用户体验当作一种跟对手PK的工具。

◎ 爆品才是杀出互联网“流量黑暗森林”的核心武器。

扫描二维码
进入金错刀爆品战略课堂

39个爆品案例的思维导图

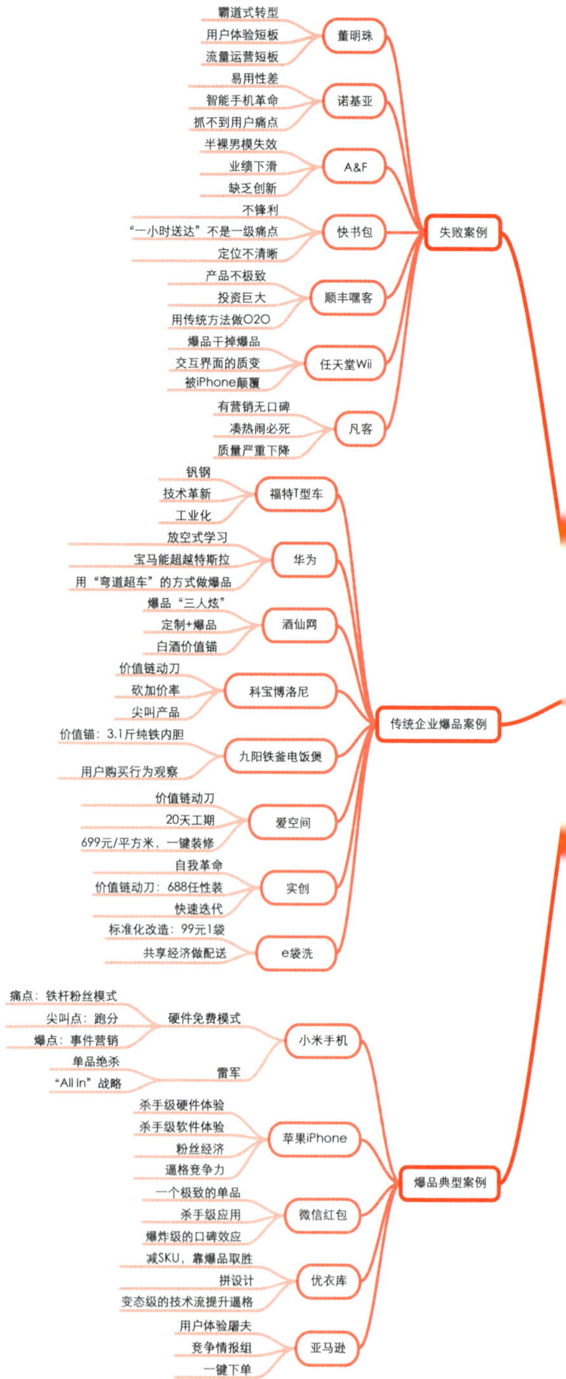
失败案例
董明珠
霸道式转型
用户体验短板
流量运营短板
诺基亚
易用性差
智能手机革命
抓不到用户痛点
A&F
半裸男模失效
业绩下滑
缺乏创新
快书包
不锋利
“一小时送达”不是一级痛点
定位不清晰
顺丰嘿客
产品不极致
投资巨大
用传统方法做O2O
任天堂Wii
爆品干掉爆品
交互界面的质变
被iPhone颠覆
凡客
有营销无口碑
凑热闹必死
质量严重下降
传统企业爆品案例
福特T型车
钒钢
技术革新
工业化
华为
放空式学习
宝马能超越特斯拉
用“弯道超车”的方式做爆品
酒仙网
爆品“三人炫”
定制+爆品
白酒价值锚
科宝博洛尼
价值链动刀
砍加价率
尖叫产品
九阳铁釜电饭煲
价值锚：3.1斤纯铁内胆
用户购买行为观察
爱空间
价值链动刀
20天工期
699元/平方米，一键装修
实创
自我革命
价值链动刀：688任性装
快速迭代
e袋洗
标准化改造：99元1袋
共享经济做配送
爆品典型案例
小米手机
硬件免费模式
痛点：铁杆粉丝模式
尖叫点：跑分
爆点：事件营销
雷军
单品绝杀
“All In”战略
苹果iPhone
杀手级硬件体验
杀手级软件体验
粉丝经济
逼格竞争力
微信红包
一个极致的单品
杀手级应用
爆炸级的口碑效应
优衣库
减SKU，靠爆品取胜
拼设计
变态级的技术流提升逼格
亚马逊
用户体验屠夫
竞争情报组
一键下单

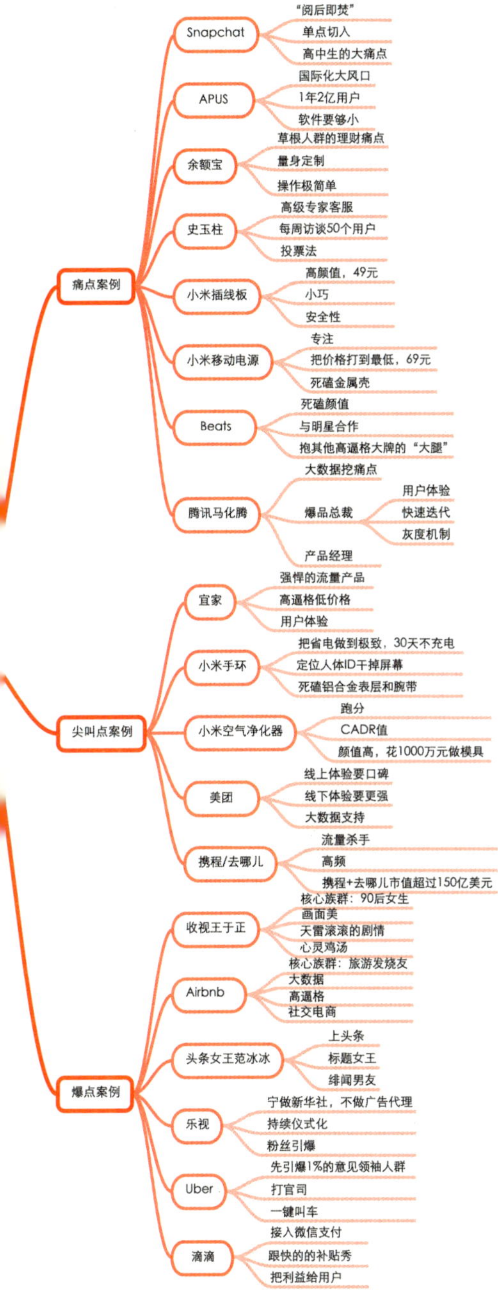
痛点案例
Snapchat
“阅后即焚”
单点切入
高中生的大痛点
APUS
国际化大风口
1年2亿用户
软件要够小
余额宝
草根人群的理财痛点
量身定制
操作极简单
史玉柱
高级专家客服
每周访谈50个用户
投票法
小米插线板
高颜值，49元
小巧
安全性
小米移动电源
专注
把价格打到最低，69元
死磕金属壳
Beats
死磕颜值
与明星合作
抱其他高逼格大牌的“大腿”
腾讯马化腾
大数据挖痛点
爆品总裁
用户体验
快速迭代
灰度机制
产品经理
尖叫点案例
宜家
强悍的流量产品
高逼格低价格
用户体验
小米手环
把省电做到极致，30天不充电
定位人体ID干掉屏幕
死磕铝合金表层和腕带
小米空气净化器
跑分
CADR值
颜值高，花1000万元做模具
美团
线上体验要口碑
线下体验要更强
大数据支持
携程/去哪儿
流量杀手
高频
携程+去哪儿市值超过150亿美元
爆点案例
收视王于正
核心族群：90后女生
画面美
天雷滚滚的剧情
心灵鸡汤
Airbnb
核心族群：旅游发烧友
大数据
高逼格
社交电商
头条女王范冰冰
上头条
标题女王
绯闻男友
乐视
宁做新华社，不做广告代理
持续仪式化
粉丝引爆
Uber
先引爆1%的意见领袖人群
打官司
一键叫车
滴滴
接入微信支付
跟快的的补贴秀
把利益给用户

读客®

激发个人成长

多年以来，千千万万有经验的读者，都会定期查看熊猫君家的最新书目，挑选满足自己成长需求的新书。

读客图书以“激发个人成长”为使命，在以下三个方面为您精选优质图书：

1. 精神成长

熊猫君家精彩绝伦的小说文库和人文类图书，帮助你成为永远充满梦想、勇气和爱的人！

2. 知识结构成长

熊猫君家的历史类、社科类图书，帮助你了解从宇宙诞生、文明演变直至今日世界之形成的方方面面。

3. 工作技能成长

熊猫君家的经管类、家教类图书，指引你更好地工作、更有效率地生活，减少人生中的烦恼。

每一本读客图书都轻松好读，精彩绝伦，充满无穷阅读乐趣！